School - escola	2
Törn - viagem	5
Transport - transporte	8
Stadt - cidade	10
Landschop - paisagem	14
Spieslokal - restaurante	17
Supermarkt - supermercado	20
Drünk - bebidas	22
Eten - comida	23
Buernhoff - quinta	27
Huus - casa	31
Wahnstuuv - sala de estar	33
Köök - cozinha	35
Baadstuuv - casa de banho	38
Kinnerstuuv - quarto de criança	42
Tüüch - vestuário	44
Büro - escritório	49
Weertschop - agricultura	51
Profeschonen - profissões	53
Warktüüch - ferramentas	56
Musikinstrumenten - instrumentos musicais	57
Deertenpark - jardim zoológico	59
Sport - desporto	62
Aktivitäten - atividades	63
Familje - família	67
Lief - corpo	68
Krankenhuus - hospital	72
Nootfall - emergência	76
Eerd - terra	77
Klock - relógio	79
Week - semana	80
Johr - ano	81
Formen - formas	83
Farven - cores	84
Gegendelen - opostos	85
Tallen - números	88
Spraken - idiomas	90
wokeen / wat / wo - quem / o quê / como	91
wo - onde	92

Impressum
Verlag: BABADADA GmbH, Nedderfeld 112 , 22529 Hamburg
Geschäftsführer / Verlagsleitung: Harald Hof
Druck: Books on Demand GmbH, In de Tarpen 42, 22848 Norderstedt

Imprint
Publisher: BABADADA GmbH, Nedderfeld 112 , 22529 Hamburg, Germany
Managing Director / Publishing direction: Harald Hof
Print: Books on Demand GmbH, In de Tarpen 42, 22848 Norderstedt, Germany

School

escola

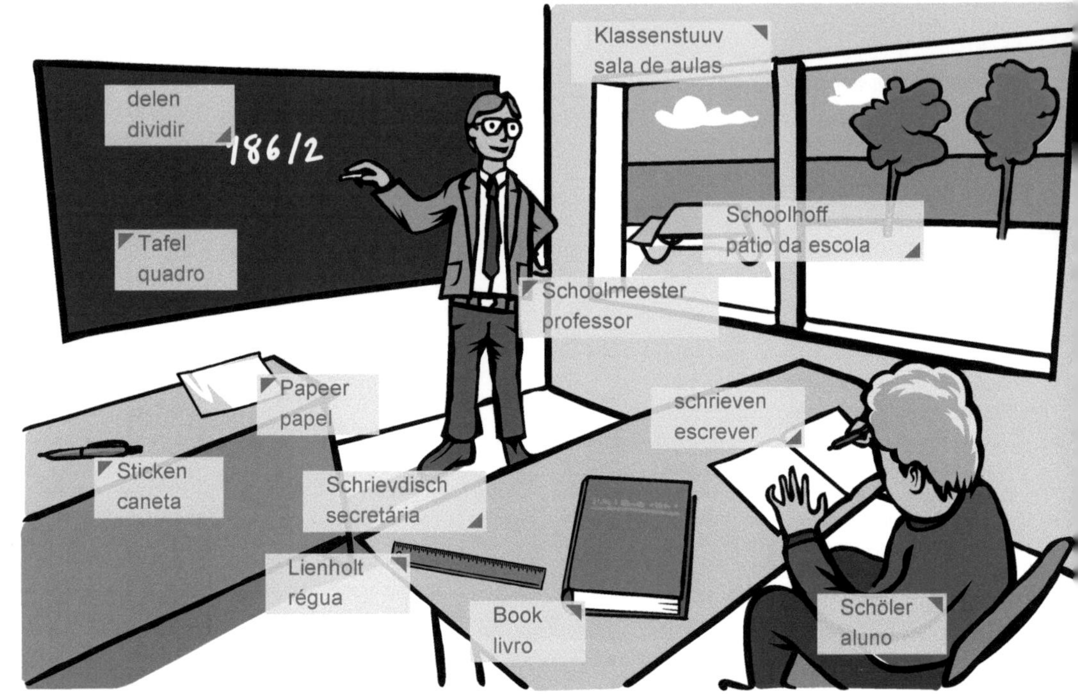

Klassenstuuv
sala de aulas
delen
dividir
186/2
Tafel
quadro
Schoolhoff
pátio da escola
Schoolmeester
professor
Papeer
papel
schrieven
escrever
Sticken
caneta
Schrievdisch
secretária
Lienholt
régua
Book
livro
Schöler
aluno

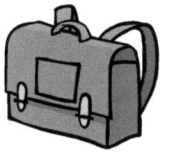

Ranzel

mochila

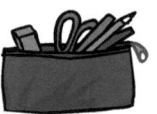

Feddermapp

estojo de lápis

Bleesticken

lápis

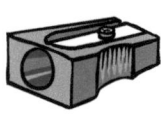

Scharpmaker

afia-lápis

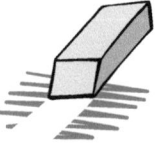

Radeergummi

borracha

Tekenblock

bloco de desenho

Teken

desenho

Pinsel

pincel

Malkassen

caixa de tintas

Scheer

tesoura

Klever

cola

Heft to'n Öven

livro de exercícios

Huusopgaav

trabalhos de casa

12

Tall

número

2+2

tohooptellen

somar

5-2

aftrecken

subtrair

2×2

malnehmen

multiplicar

reken

calcular

Bookstaav

letra

ABCDEFG HIJKLMN OPQRSTU VWXYZ

ABC

alfabeto

Woort

palavra

Text
....
texto

lesen
....
ler

Kried
....
giz

Stunn
....
hora

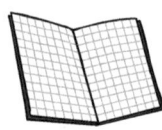

Klassenbook
....
registo de presenças

Pröven
....
exame

Tüügnis
....
certificado

Schooluniform
....
uniforme escolar

Utbillen
....
educação

Nakieksel
....
enciclopédia

Universität
....
universidade

Mikroskop
....
microscópio

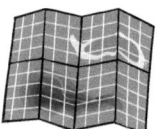

Koort
....
mapa

Papeerkorf
....
cesto de lixo

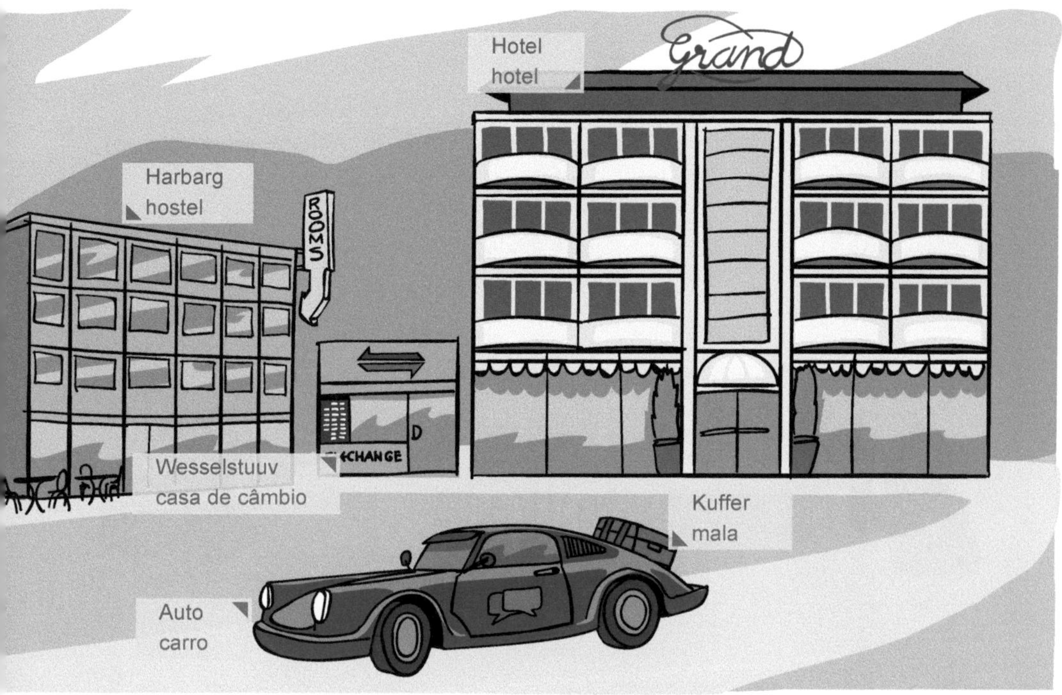

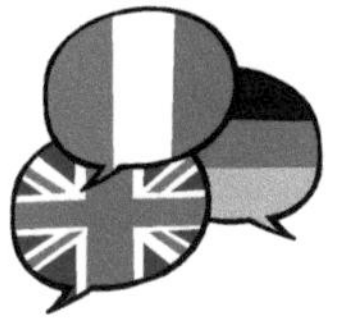

Hotel
hotel
Grand
Harbarg
hostel
ROOMS
Wesselstuuv
casa de câmbio
EXCHANGE
Kuffer
mala
Auto
carro

Spraak
idioma

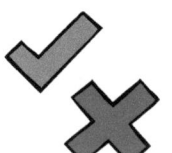

jo / ne
sim / não

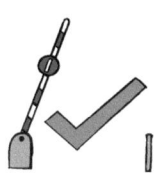

Jo
ok / certo / correto

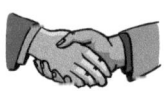

Moin
olá

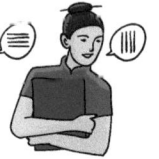

Översetter
intérprete

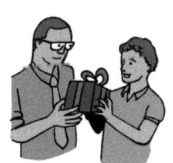

Dank ok
obrigado

Wat kost...?

quanto é que custa... ?

Ik verstah nich

não entendo

Problem

problema

Goden Avend

boa noite!

Moin!

Bom dia!

Gode Nacht!

Boa noite!

Tschüüs

adeus

Richt

direção

Bagaasch

bagagem

Tasch

saco

Rüchsack

mochila

Gast

convidado

Stuuv

quarto

Slaapsack

saco-cama

Telt

tenda

Törn - viagem

Touristeninformatschoon

informação turística

Strand

praia

Kreditkoort

cartão de crédito

Fröhstück

pequeno-almoço

Meddageten

almoço

Avendeten

jantar

Fohrkort

bilhete

Fohrstohl

elevador

Breefmark

selo postal

Grenz

fronteira

Toll

alfândega

Bottschop

embaixada

Visum

visto

Pass

passaporte

Transport
transporte

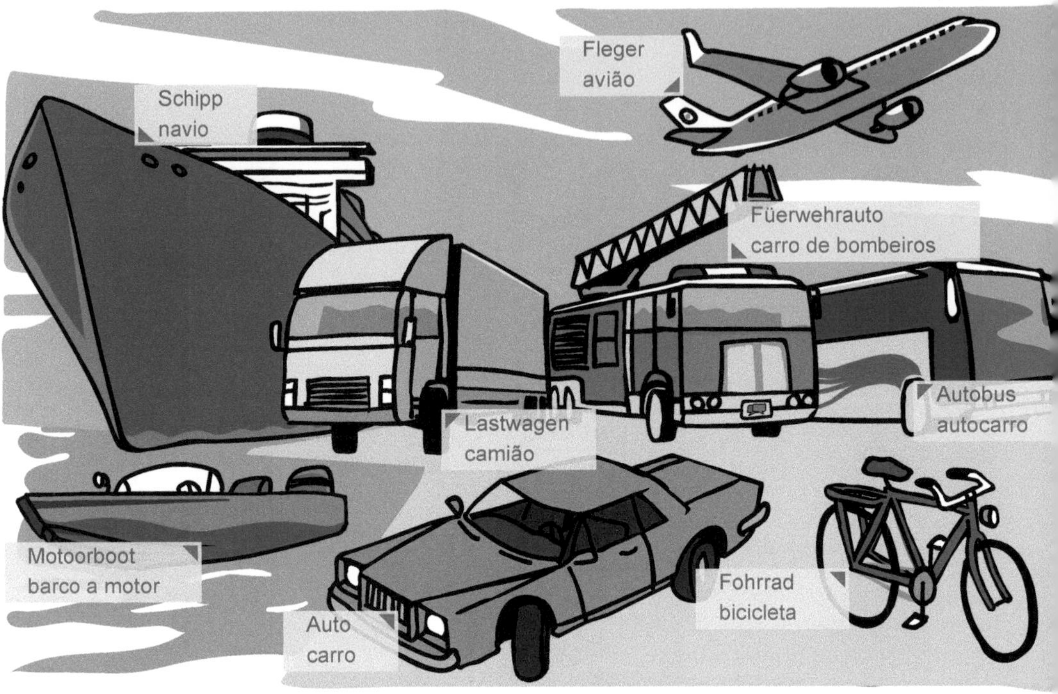

Schipp
navio
Fleger
avião
Füerwehrauto
carro de bombeiros
Autobus
autocarro
Lastwagen
camião
Motoorboot
barco a motor
Fohrrad
bicicleta
Auto
carro

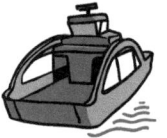

Fähr

cacilheiro

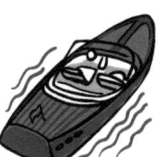

Boot

barco

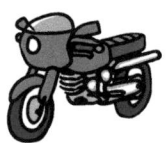

Motoorrad

mota

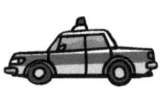

Polizeiauto

carro de polícia

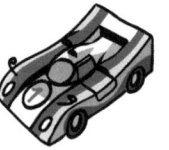

Rönnauto

carro de corrida

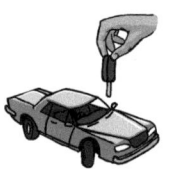

Lehnwagen

carro alugado

Carsharing

carsharing

Afsleepwagen

camião de reboque

Müllauto

camião do lixo

Motoor

motor

Kraftstoff

combustível

Tanksteed

estação de serviço

Verkehrsschild

sinal de trânsito

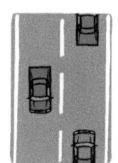

Verkehr

trânsito

Stau

congestionamento de trânsito

Afstellplatz

arque de estacionamento

Bahnhoff

estação ferroviária

Sporen

carris

Tog

comboio

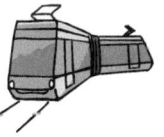

Stratenbahn

elétrico

Wagon

carruagem

Dwarsmöhl

helicóptero

Flooghaven

aeroporto

Tower

torre

Fohrgast

passageiro

Grootkist

contentor

Karton

caixa de papelão

Koor

carrinho

Korf

cesto

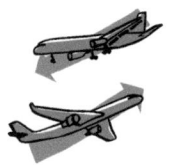

starten / lannen

levantar voo / aterrar

Stadt

cidade

Dörp

aldeia

Binnenstadt

centro da cidade

Huus

casa

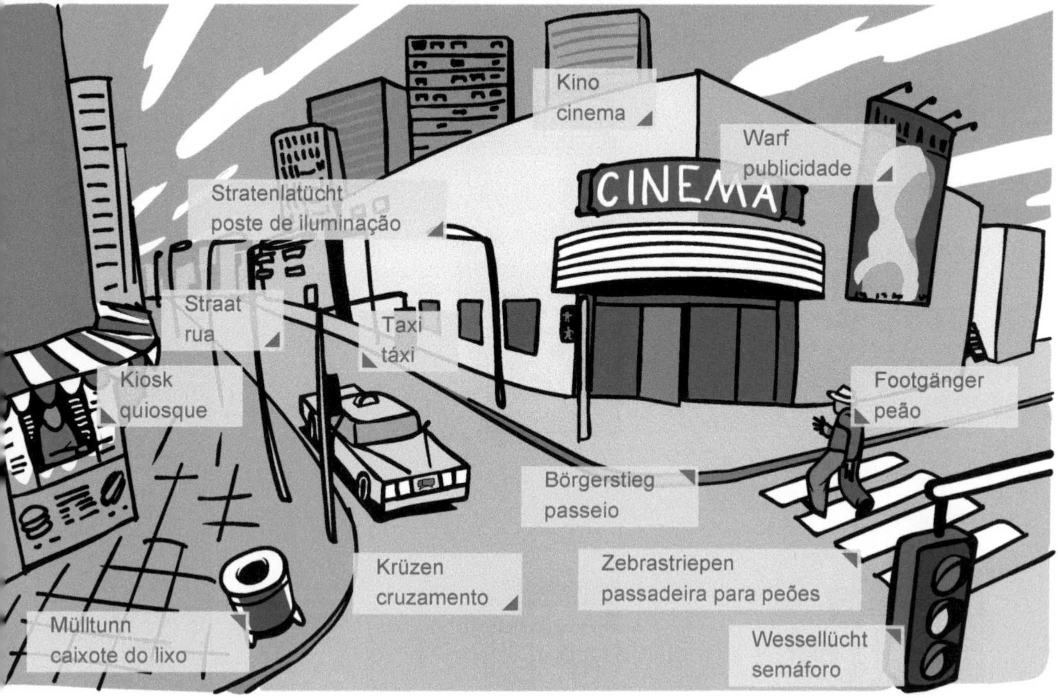
CINEMA
Kino
cinema
Warf
publicidade
Stratenlatücht
poste de iluminação
Straat
rua
Taxi
táxi
Kiosk
quiosque
Footgänger
peão
Börgerstieg
passeio
Krüzen
cruzamento
Zebrastriepen
passadeira para peões
Mülltunn
caixote do lixo
Wessellücht
semáforo

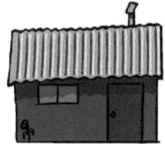

Hütt

cabana

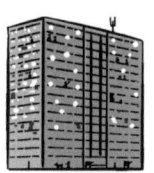

Wahnung

apartamento

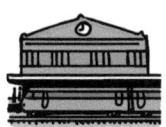

Bahnhoff

estação ferroviária

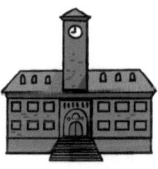

Raathuus

câmara municipal

MUSEUM

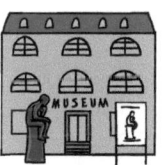

Museum

museu

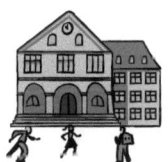

School

escola

Universität

universidade

Bank

banco

Krankenhuus

hospital

Hotel

hotel

Afteek

farmácia

Büro

escritório

Bookhökerie

livraria

Hökerie

loja

Blomenhökerie

florista

Supermarkt

supermercado

Markt

mercado

Koophuus

loja de departamentos

Fischhökerie

peixaria

Inkoopszentrum

centro comercial

Haven

porto

Parkanlaag

parque

Bank

banco

Brüch

ponte

Trepp

escadas

Ünnergrundbahn

metro

Tunnel

túnel

Busstoppsteed

paragem de autocarro

Bar

bar

Spieslokal

restaurante

Breefkassen

caixa de correio

Stratenschild

sinal de trânsito

Parkklock

parquímetro

Deertenpark

jardim zoológico

Baadanstalt

piscina

Moschee

mesquita

Buernhoff
quinta

Ümweltversmudden
poluição

Karkhoff
cemitério

Kark
igreja

Speelplatz
parque infantil

Tempel
templo

Landschop
paisagem

Blatt
folha

Wiespahl
placa de sinalização

Weg
caminho

Wisch
prado

Steen
pedra

Wannerer
caminhantes

Boom
árvore

Fluss
rio

Gras
relva

Bloom
flor

Daal
vale

Barg
montanha

See
lago

Holt
floresta

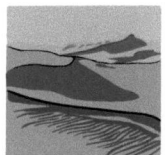

Wööst
deserto

Füerspien Barg
vulcão

Slott
castelo

Regenbagen
arco-íris

Poggenstohl
cogumelo

Palm
palma

Steekmück
mosquito

Fleeg
mosca

Miegeemk
formiga

Imm
abelha

Spinn
aranha

Sebber

besouro

Pogg

sapo

Katteker

esquilo

Swienegel

ouriço

Haas

lebre

Uul

coruja

Vagel

pássaro

Swaan

cisne

Wildswien

javali

Hirsch

veado

Elk

alce

Staudamm

barragem

Windrad

turbina eólica

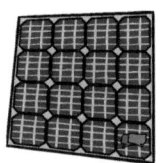

Solarmodul

painel solar

Klima

clima

Spieslokal
restaurante

Kellner
empregado de mesa
Spieskoort
menu
Stohl
cadeira
Supp
sopa
Pizza
pizza
Bestick
talheres
Dischdeek
toalha de mesa

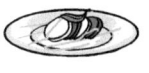

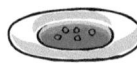

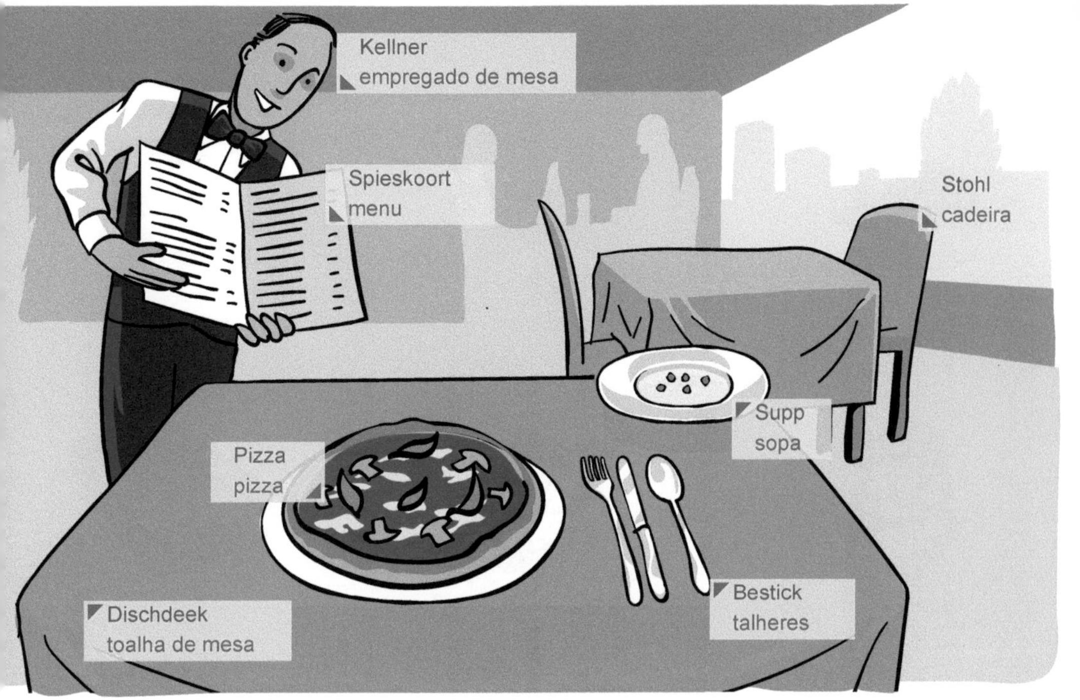

Vörspies
entrada

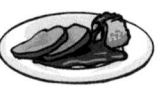

Haupteten
prato principal

Nadisch
sobremesa

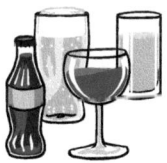

Drünk
bebidas

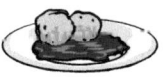

Eten
comida

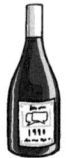

Buddel
garrafa

Fastfood

fast food

Strateneten

comida de rua

Teekann

bule de chá

Zuckerdoos

açucareiro

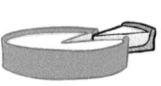

Portschoon

porção

Espressomaschien

máquina de café expresso

Hoochstohl

cadeira alta

Reken

conta

Tablett

bandeja

Mess

faca

Gavel

garfo

Lepel

colher

Teelepel

colher de chá

Munddook

guardanapo

Glas

copo

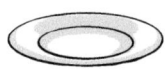

Töller

prato

Suppentöller

prato de sopa

Ünnertass

pires

Sooß

molho

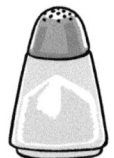

Soltstreuer

saleiro

Pepermöhl

moinho de pimenta

Etig

vinagre

Ööl

óleo

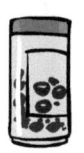

Krüder

especiarias

Ketchup

ketchup

Mostrich

mostarda

Mayonnaise

maionese

Supermarkt
supermercado

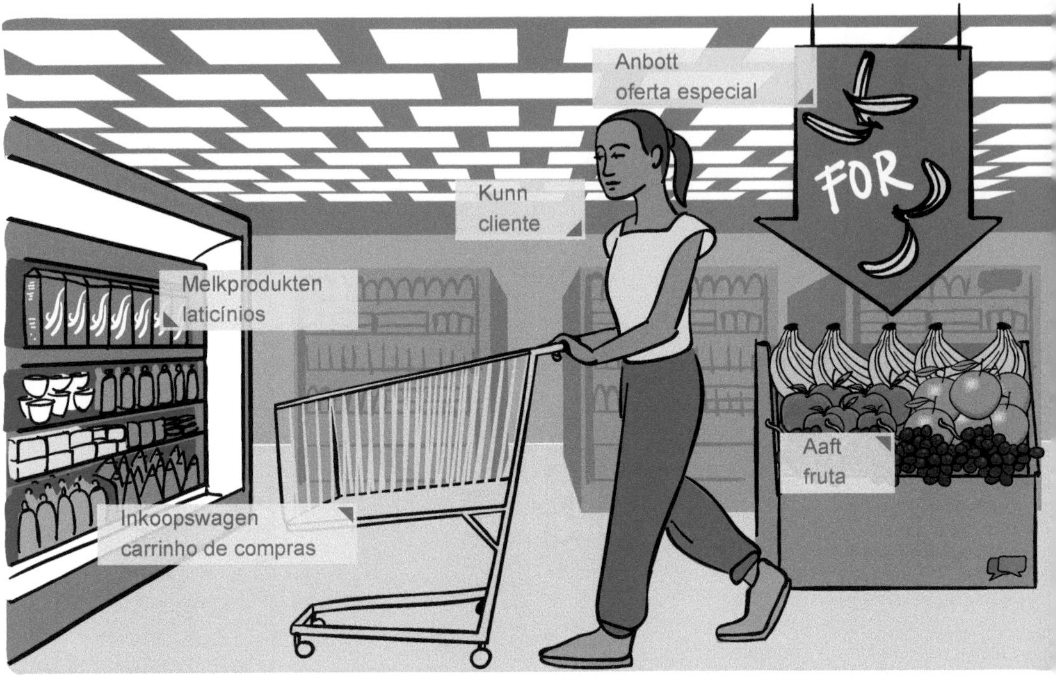

Anbott
oferta especial
FOR
Kunn
cliente
Melkprodukten
laticínios
Aaft
fruta
Inkoopswagen
carrinho de compras

BUTCHERS

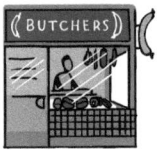

Slachterie

talho

BAKERY

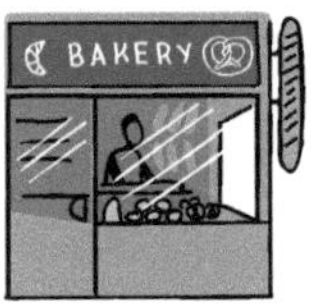

Bäckerie

padaria

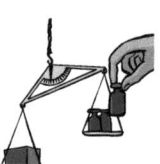

wegen

pesar

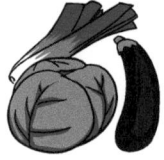

Gröönsaken

vegetais

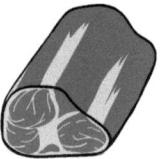

Fleesch

carne

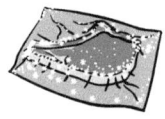

Deepköhlkost

alimentos congelados

Opsnitt

charcutaria

Konserven

comida enlatada

Waschmiddel

detergente em pó

Snoopkraam

doces

Huushooltssaken

artigos domésticos

Reinmaaktüüch

produtos de limpeza

Verköpersche

vendedora

Kass

caixa

Kasserer

caixa

Inkoopslist

lista de compras

Opsparrtieden

horário de funcionamento

Breeftasch

carteira

Kreditkoort

cartão de crédito

Tasch

saco

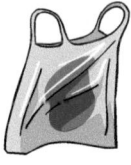

Plastiktüüt

saco de plástico

Supermarkt - supermercado

Water

água

Saft

sumo

Melk

leite

Cola

coca-cola

Wien

vinho

Beer

cerveja

Spriet

álcool

Kakao

cacau

Tee

chá

Koffie

café

Espresso

café expresso

Cappucino

capuccino

Banaan

banana

Appel

maçã

Appelsien

laranja

Meloon

melão

Zitroon

limão

Wöttel

cenoura

Knuuvlook

alho

Bambus

bambu

Zibbel

cebola

Poggenstohl

cogumelo

Nööt

nozes

Nudeln

talharim

Spaghetti

esparguete

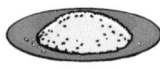

Ries

arroz

Salat

salada

Pommes frites

batatas fritas

Braadkantüffeln

batatas fritas

Pizza

pizza

Hamborger

hambúrguer

Sandwich

sanduíche

Snitzel

bife panado

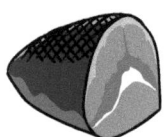

Schinken

fiambre

Salami

salame

Wust

salsicha

Hohn

galinha

Braden

assado

Fisch

peixe

Haverflocken

flocos de aveia

Müsli

muesli

Cornflakes

flocos de milho

Mehl

farinha

Croissant

croissant

Rundstück

carcaça (pãozinho)

Broot

pão

Toast

torrada

Keksen

biscoitos

Botter

manteiga

Quark

requeijão

Koken

bolo

Ei

ovo

Spegelei

ovo estrelado

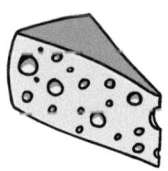

Kees

queijo

Ies

gelado

Zucker

açúcar

Honnig

mel

Marmelaad

compota

Nougat-Creme

creme de nougat

Curry

caril

Buernhoff
quinta

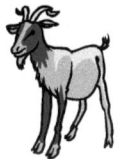

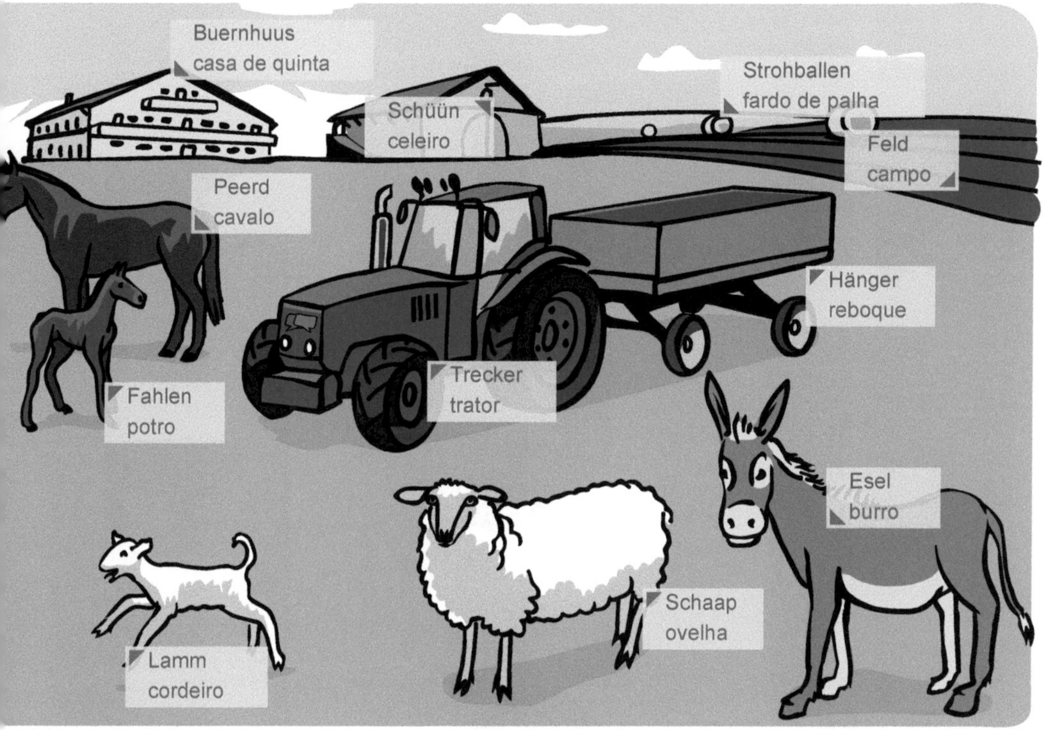

Buernhuus
casa de quinta
Schüün
celeiro
Strohballen
fardo de palha
Feld
campo
Peerd
cavalo
Hänger
reboque
Trecker
trator
Fahlen
potro
Esel
burro
Schaap
ovelha
Lamm
cordeiro

Zeeg

cabra

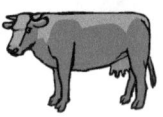

Koh

vaca

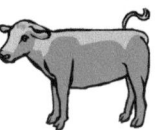

Kalf

bezerro

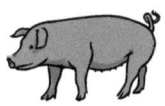

Swien

porco

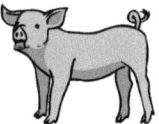

Farken

leitão

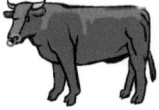

Bull

touro

Goos

ganso

Aant

pato

Küken

pintaínho

Hohn

galinha

Hahn

galo

Rott

ratazana

Katt

gato

Muus

rato

Oss

boi

Hund

cão

Hunnenhütt

casota

Goornslauch

mangueira de jardim

Geetkann

regador

Lee

foice

Ploog

arado

Sich

foice

Hack

enxada

Mestfork

forquilha

Ext

machado

Schuufkoor

carrinho de mão

Trog

manjedoura

Melkkann

jarro de leite

Sack

saco

Tuun

cerca

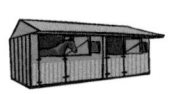

Stall

estábulo

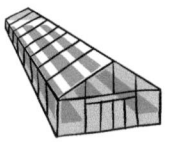

Drievhuus

estufa

Bodden

solo

Saat

semente

Dünger

fertilizante

Meihdöscher

ceifeira-debulhadora

oornen
colher

Oorn
colheita

Yamswöttel
inhame

Weten
trigo

Soja
soja

Kantüffel
batata

Törksche Weten
milho

Rapp
colza

Aaftboom
árvore de fruto

Troopsch Kantüffel
mandioca

Koorn
cereais

Huus
casa

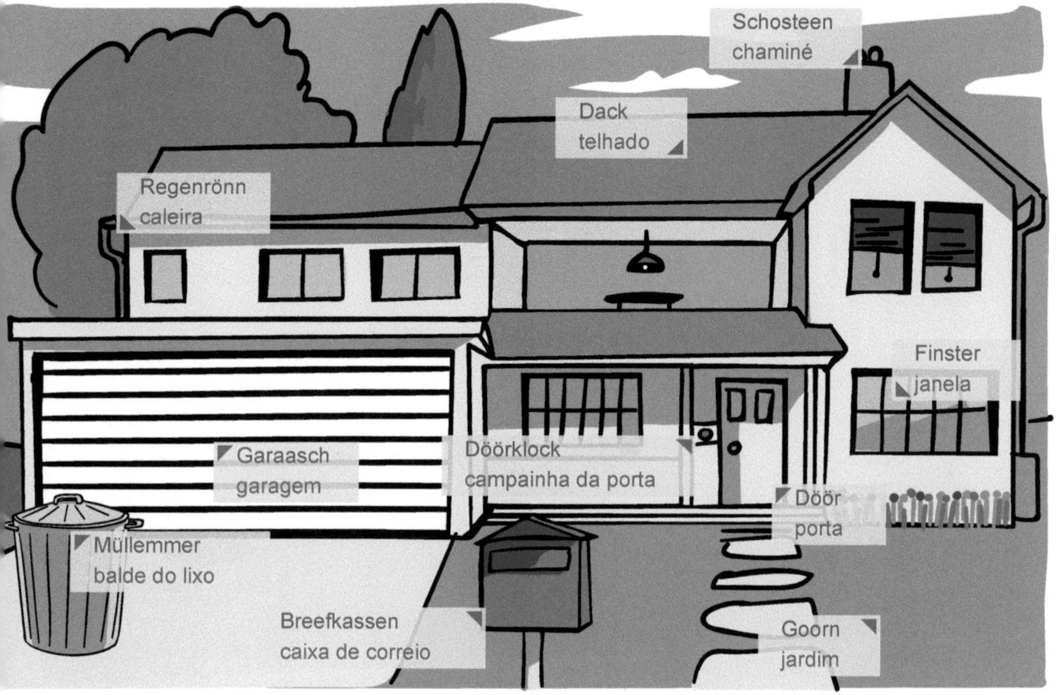

Schosteen
chaminé
Dack
telhado
Regenrönn
caleira
Finster
janela
Garaasch
garagem
Döörklock
campainha da porta
Döör
porta
Müllemmer
balde do lixo
Breefkassen
caixa de correio
Goorn
jardim

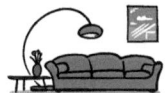

Wahnstuuv
....
sala de estar

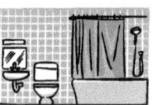

Baadstuuv
....
casa de banho

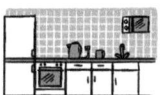

Köök
....
cozinha

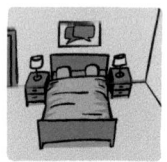

Slaapstuuv
....
quarto de dormir

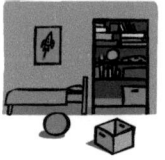

Kinnerstuuv
....
quarto de criança

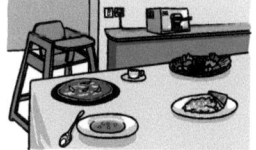

Eetstuuv
....
sala de jantar

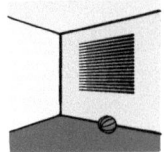

Footbodden

chão

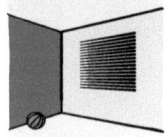

Wand

parede

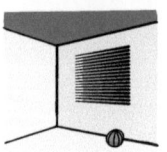

Deek

teto

Keller

cave

Hittluftbad

sauna

Balkon

varanda

Terrass

terraço

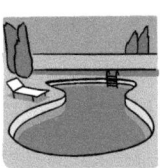

Swümmbad

piscina

Rasenmeiher

máquina de cortar relvado

Bettbetog

lençol

Bettdeek

cobertor

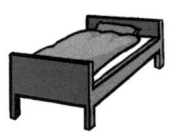

Puuch

cama

Bessen

vassoura

Emmer

balde

Schalter

interruptor

Wahnstuuv
sala de estar

Tapeet
papel de parede
Bild
imagem
Lamp
lâmpada
Regal
prateleira
Schapp
armário
Kiekkassen
televisão
Kamin
lareira
Bloom
flor
Küssen
almofada
Sofa
sofá
Vaas
vaso
Feernbedenen
controlo remoto

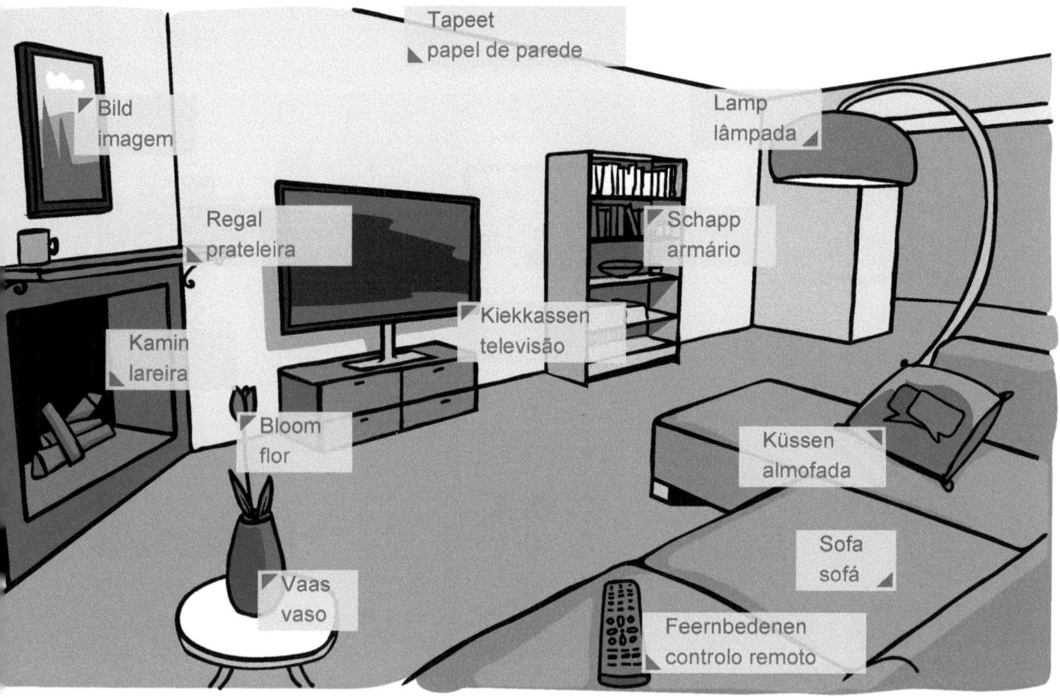

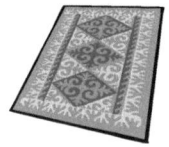

Tcppich
tapete

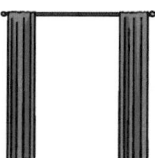

Vorhang
cortina

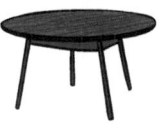

Disch
mesa

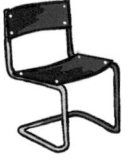

Stohl
cadeira

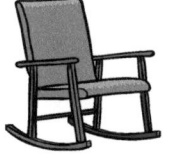

Schuckelstohl
cadeira de baloiço

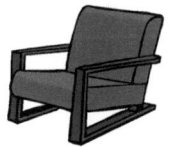

Sessel
poltrona

Book

livro

Deek

cobertor

Dekoratschoon

decoração

Füerholt

lenha

Film

filme

Stereoanlaag

sistema estéreo

Slötel

chave

Narichtenblatt

jornal

Gemälde

pintura

Poster

póster

Radio

rádio

Opschrievblock

bloco de notas

Huulbessen

aspirador

Kaktus

cato

Kars

vela

Köök
cozinha

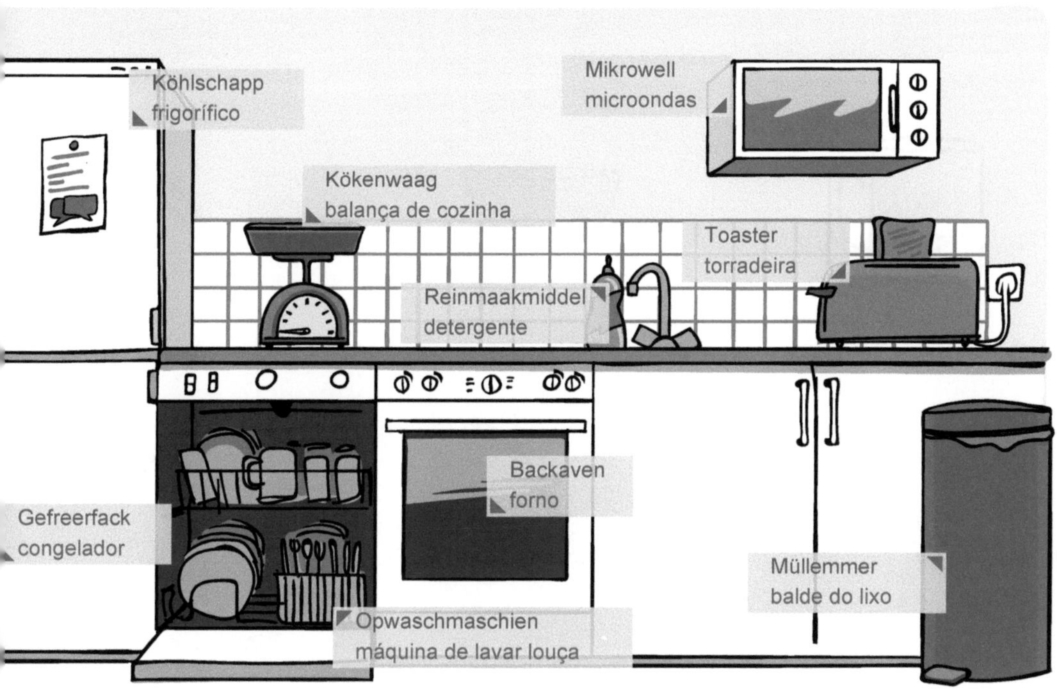
Köhlschapp
frigorífico
Mikrowell
microondas
Kökenwaag
balança de cozinha
Toaster
torradeira
Reinmaakmiddel
detergente
Backaven
forno
Gefreerfack
congelador
Müllemmer
balde do lixo
Opwaschmaschien
máquina de lavar louça

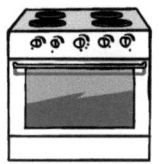

Heerd

fogão

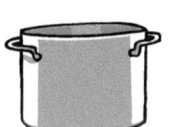

Pott

panela

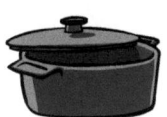

Gussiesern Putt

panela de ferro

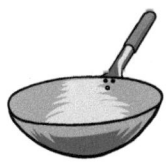

Wok / Kadai

wok / kadai

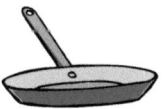

Pann

frigideira

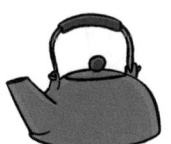

Waterkaker

chaleira

Dampkaakputt

panela a vapor

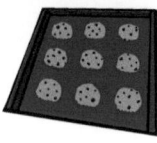

Backblick

tabuleiro de forno

Geschirr

louça

Beker

caneca

Schaal

tigela

Eetsticken

pauzinhos

Suppenkell

concha de sopa

Pannenwenner

espátula

Sneebessen

batedor de claras

Kaakseef

escorredor

Seef

peneira

Riev

ralador

Mörser

almofariz

Grill

churrasqueira

Füerstell

lareira

Sniedbrett

tábua de cortar

Nudelholt

rolo da massa

Proppentrecker

saca-rolhas

Doos

lata

Dosenaapner

abridor de latas

Pottlappen

luvas de forno

Waschbecken

lava-loiça

Böst

escova

Swamm

esponja

Mixer

liquidificador

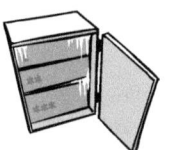

lesschapp

arca frigorífica

Nuckelbuddel

biberão

Waterhahn

torneira

Köök - cozinha

37

Baadstuuv

casa de banho

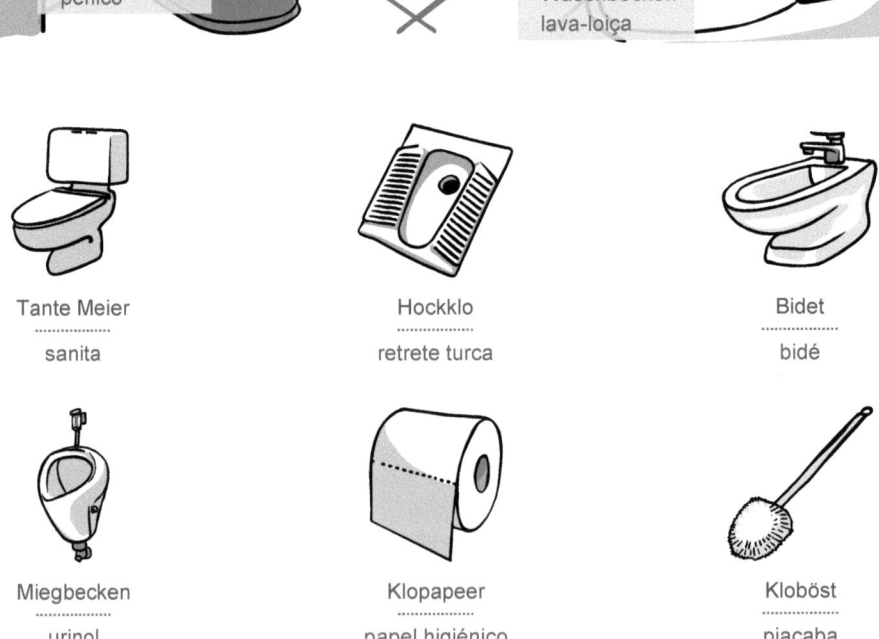

Heizung
aquecimento
Bruus
chuveiro
Handdook
toalha
Bruusvörhang
cortina de chuveiro
Schuumbad
banho de espuma
Baadwann
banheira
Glas
copo
Waschmaschien
máquina de lavar roupa
Waterhahn
torneira
Fliesen
azulejos
lütte Putt
penico
Waschbecken
lava-loiça

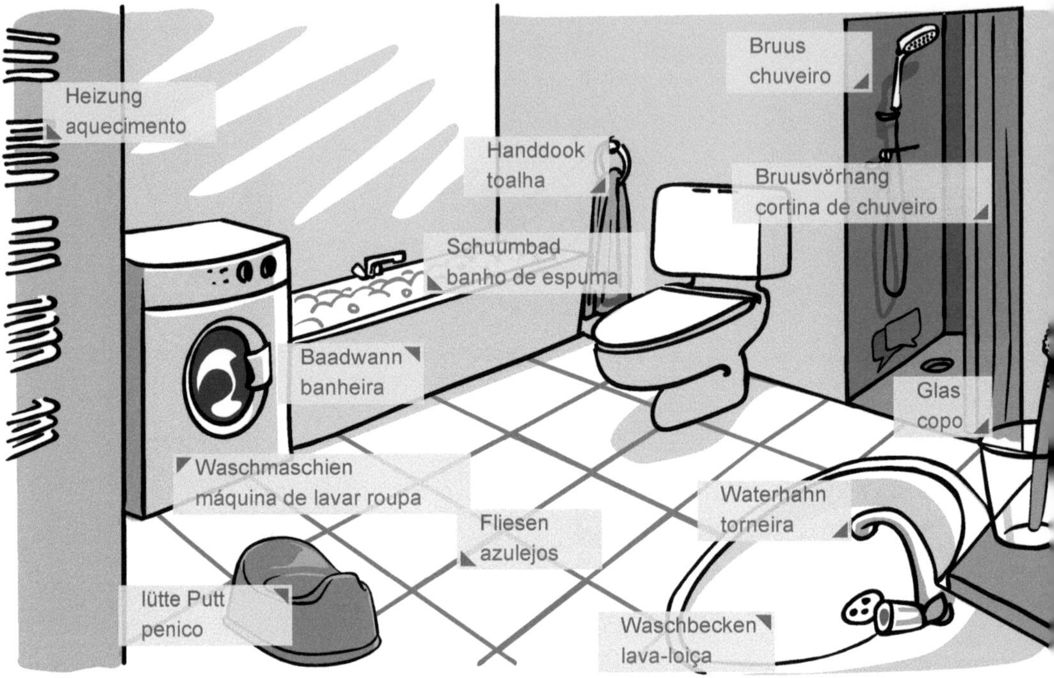

Tante Meier

sanita

Hockklo

retrete turca

Bidet

bidé

Miegbecken

urinol

Klopapeer

papel higiénico

Kloböst

piaçaba

Tähnböst

escova de dentes

Tähnpast

pasta de dentes

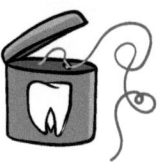

Tähnsied

fio dentário

waschen

lavar

Handbruus

chuveiro de mão

Intimbruus

duche íntimo

Waschschöttel

bacia

Rüchböst

escova para as costas

Seep

sabonete

Bruusgeel

gel de banho

Hoorwaschmiddel

champô

Waschlappen

toalha de rosto

Afloop

escoamento

Creme

creme

Deodorant

desodorizante

Spegel

espelho

Kosmetikspegel

espelho de mão

Raserer

máquina de barbear

Raseerschuum

creme de barbear

Raseerwater

loção pós-barba

Kamm

pente

Böst

escova

Hoordröger

secador de cabelo

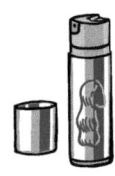

Hoorspray

spray de cabelo

Smink

maquilhagem

Lippensticken

batom

Nagellack

verniz de unhas

Watt

algodão

Nagelscheer

tesoura para unhas

Rüükwater

perfume

Kulturbüdel

nécessaire

Schemel

tamborete

Waag

balança

Baadmantel

roupão de banho

Gummihanschen

luvas de borracha

Tampon

tampão

Damenbinn

penso higiénico

Chemieklo

WC químico

Kinnerstuuv
quarto de criança

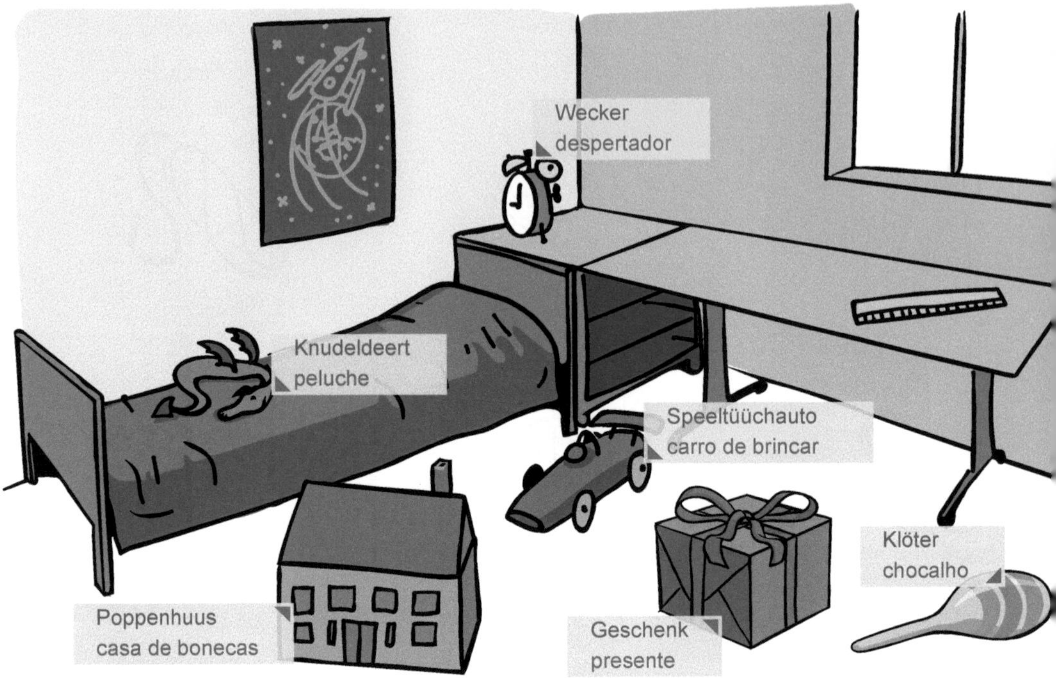
Wecker
despertador
Knudeldeert
peluche
Speeltüüchauto
carro de brincar
Klöter
chocalho
Poppenhuus
casa de bonecas
Geschenk
presente

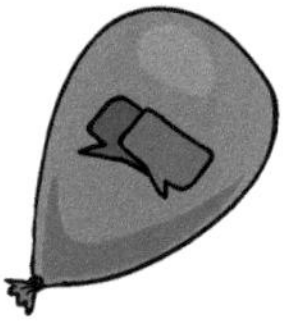

Luftballon
balão

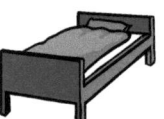

Puuch
cama

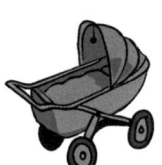

Kinnerwagen
carrinho de bebé

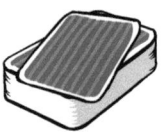

Koortenspeel
jogo de cartas

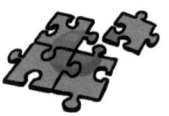

Puzzle
quebra-cabeças

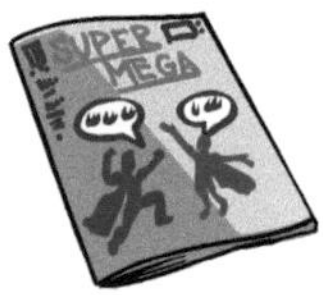

Billergeschicht
banda desenhada

Legostenen

peças de Lego

Bustenen

blocos de construção

Action-Figur

figura de ação

Strampelantog

fato de bebé

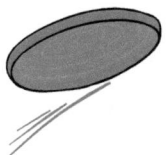

Frisbeeschiev

Frisbee

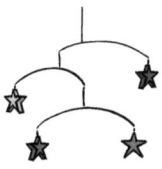

Mobile

móbile para bebé

Brettspeel

jogo de tabuleiro

Wörpel

dados

Modelliesenbahn

pista de comboio elétrico

Snuller

chupeta

Party

festa

Billerbook

llvro ilustrado

Ball

bola

Popp

boneca

spelen

jogar

Sandkassen

caixa de areia

Schuckel

baloiço

Speeltüüch

brinquedos

Speelkonsool

consola de jogos

Dreerad

triciclo

Teddyboor

ursinho de peluche

Klederschapp

guarda-roupa

Tüüch

vestuário

Socken

meias

Strümp

meias pelo joelho

Strumpbüx

meias-calças

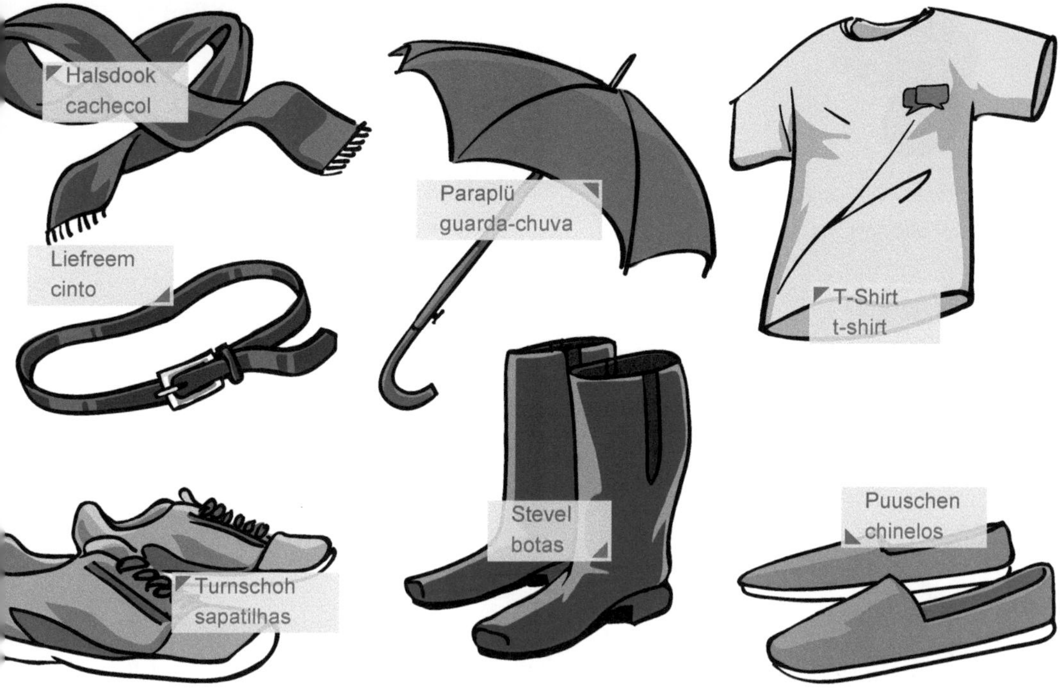

Halsdook
cachecol

Paraplü
guarda-chuva

T-Shirt
t-shirt

Liefreem
cinto

Stevel
botas

Puuschen
chinelos

Turnschoh
sapatilhas

Sandalen

sandálias

Schoh

sapatos

Gummistevel

botas de borracha

Ünnerbüx

cuccas

Bostholler

sutiã

Ünnerhemd

camisola interior

Lief

body

Büx

calças

Jeansnüx

calças de ganga

Rock

saia

Bluus

blusa

Hemd

camisa

Pullover

pulôver

Kapuzenpullover

camisola com capuz

Blazer

blazer

Jack

casaco

Mantel

manto

Övertrecker

gabardina

Kostüm

traje

Kleed

vestido

Hochtietskleed

vestido de casamento

Antog

fato

Nachtkleed

camisa de dormir

Slaapantog

pijama

Sari

sari

Koppdook

lenço de cabeça

Turban

turbante

Burka

burca

Kaftan

cafetã

Abaya

abaya

Baadantog

fato de banho

Baadbüx

calções de banho

Korte Büx

calções

Antog to'n Öven

fato de treino

Schört

avental

Handschoh

luvas

Knopp

botão

Brill

óculos

Armband

pulseira

Halskeed

colar

Ring

anel

Ohrbummel

brinco

Mütz

boné

Klederbögel

cabide

Hoot

chapéu

Binner

gravata

Rietslüter

fecho de correr

Helm

capacete

Drachtband

suspensórios

Schooluniform

uniforme escolar

Uniform

uniforme

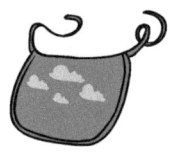

Severböten
babete

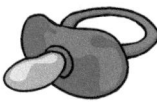

Snuller
chupeta

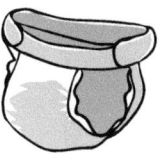

Winnel
fralda

Büro
escritório

Server
servidor
Aktenschapp
armário de arquivo
Papeer
papel
Drucker
impressora
Bildschirm
ecrã
Muus
rato
Schrievdisch
secretária
Orner
pasta
Knoopboord
teclado
Papeerkorf
cesto de lixo
Computer
computador
Stohl
cadeira

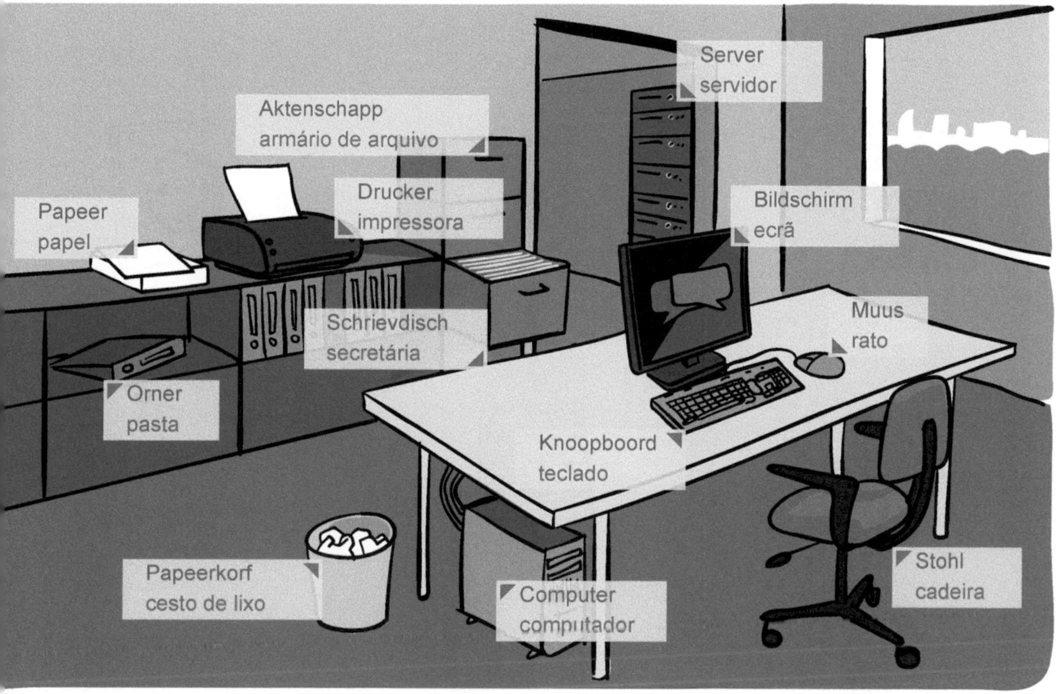

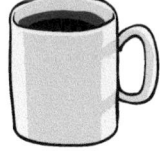

Koffiebeker
caneca de café

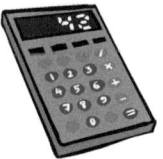

Taschenreekner
calculadora

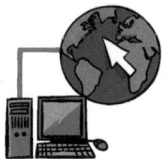

Internet
internet

Klappreekner

computador portátil

Breef

carta

Naricht

mensagem

Ackersnacker

telemóvel

Nettwark

rede

Kopeerapparat

fotocopiadora

Software

software

Klöönkassen

telefone

Steekdoos

tomada elétrica

Faxapparat

fax

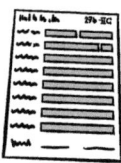

Formulor

formulário

Dokument

documento

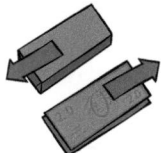

köpen

comprar

betahlen

pagar

hanneln

negociar

Geld

dinheiro

Dollar

dólar

Euro

euro

Yen

yen

Ruvel

rublo

Swiezer Franken

franco suíço

Renminbi Yuan

renminbi yuan

Rupie

rupia

Geldautomat

caixa de multibanco

Wesselstuuv

casa de câmbio

Gold

ouro

Sülver

prata

Ööl

petróleo

Energie

energia

Pries

preço

Verdrag

contrato

Stüer

imposto

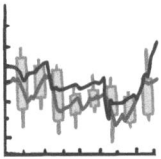

Andeelschien

ação

arbeiden

trabalhar

Anstellte

empregado

Arbeitgever

entidade patronal

Fabrik

fábrica

Hökerie

loja

Profeschonen

profissões

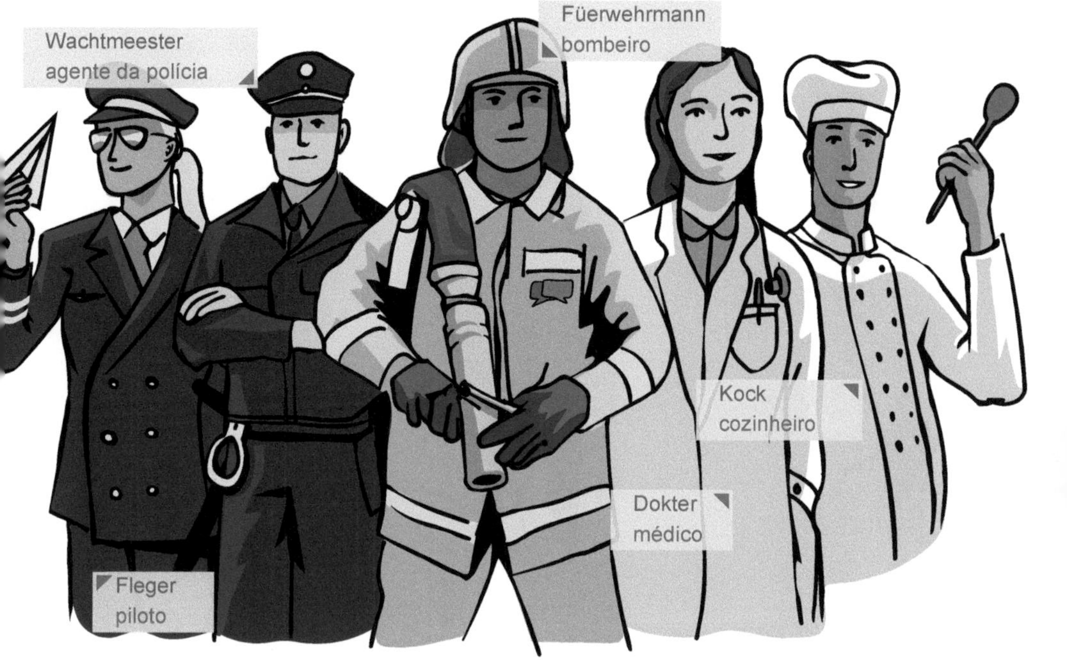
Füerwehrmann
bombeiro
Wachtmeester
agente da polícia
Kock
cozinheiro
Dokter
médico
Fleger
piloto

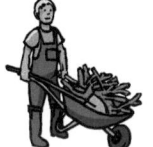

Goorner

jardineiro

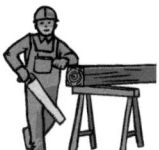

Discher

carpinteiro

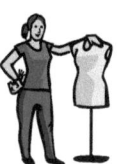

Neihersche

costureira

Richter

juiz

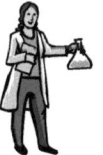

Chemiker

químico

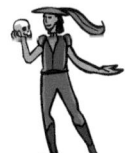

Schauspeler

ator

Busfohrer

motorista de autocarro

Taxifohrer

motorista de táxi

Fischer

pescador

Reinmaakfru

empregada de limpeza

Dackdecker

telhador

Kellner

empregado de mesa

Jäger

caçador

Maler

pintor

Bäcker

padeiro

Elektriker

eletricista

Buarbeider

construtor

Ingenieur

engenheiro

Slachter

talhante

Klempner

canalizador

Postbüdel

carteiro

Suldat

soldado

Architekt

arquiteto

Kasserer

caixa

Florist

florista

Putzbüdel

cabeleireiro

Schaffner

controlador de bilhetes

Mechaniker

mecânico

Kaptein

capitão

Tähndokter

dentista

Wetenschopler

cientista

Rabbi

rabino

Imam

imã

Mönk

monge

Paap

pastor

Warktüüch
ferramentas

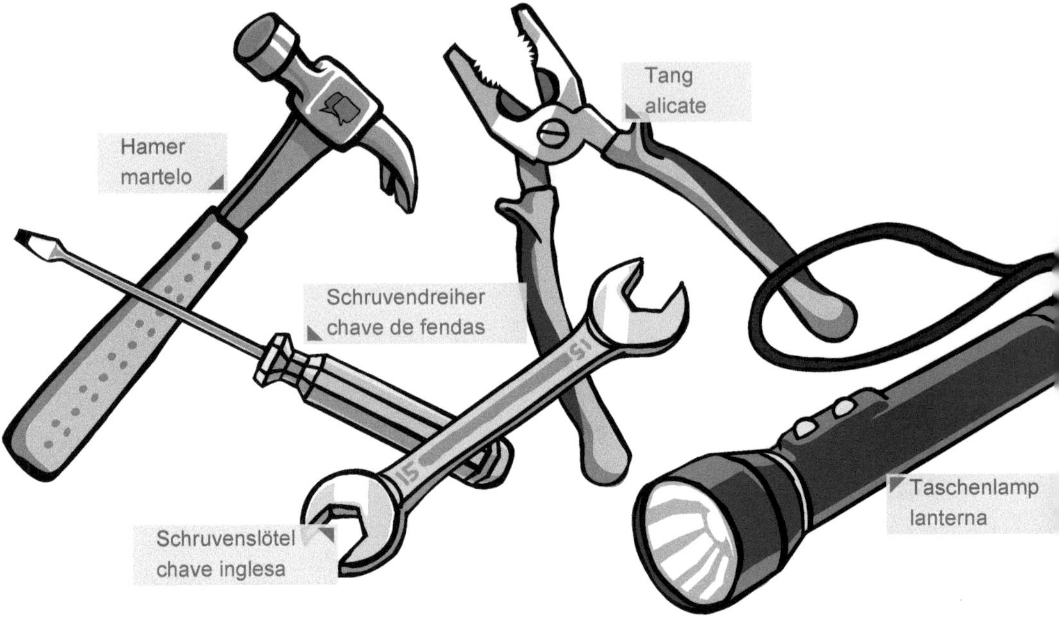
Hamer
martelo
Tang
alicate
Schruvendreiher
chave de fendas
Schruvenslötel
chave inglesa
Taschenlamp
lanterna

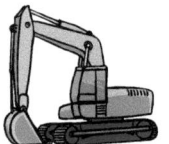

Grieper
escavadora

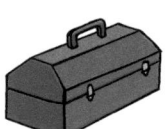

Warktüüchkassen
caixa de ferramentas

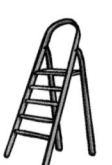

Ledder
escadote

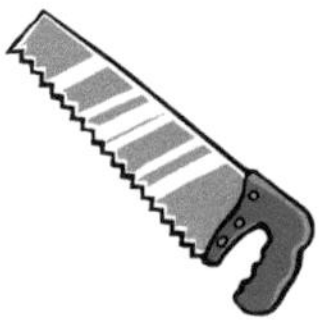

Saag
serra

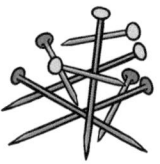

Nagels
pregos

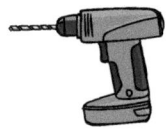

Bohrer
broca

heelmaken

reparar

Schüffel

pá

Schiet!

porcaria!

Kehrblick

pá de lixo

Farvpott

pote de tinta

Schruven

parafusos

Musikinstrumenten

instrumentos musicais

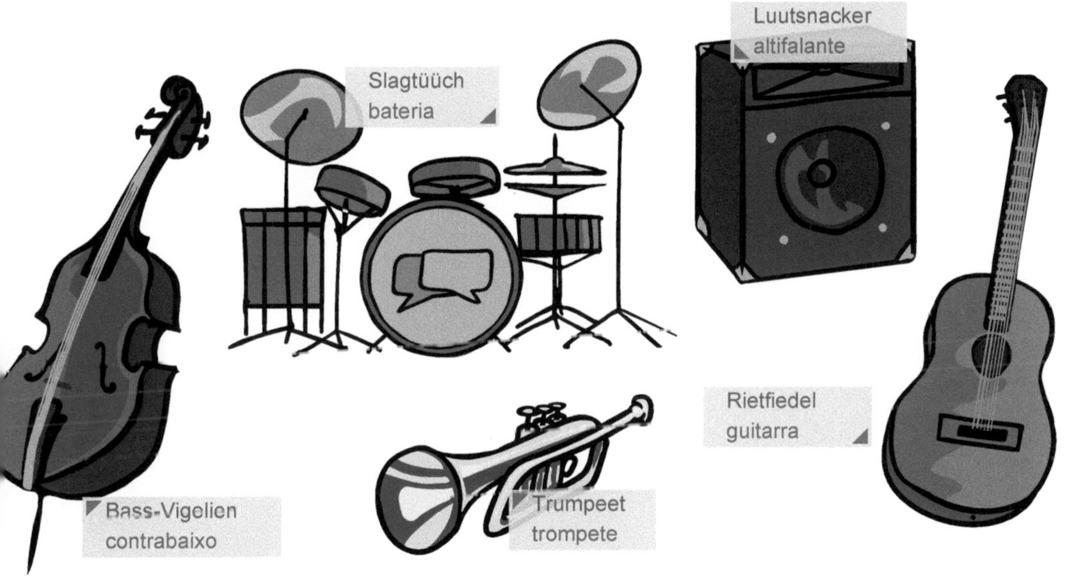

Slagtüüch
bateria

Luutsnacker
altifalante

Rietfiedel
guitarra

Bass-Vigolien
contrabaixo

Trumpeet
trompete

Klaveer

piano

Vigelien

violino

Bass

baixo

Pauk

timbales

Trummeln

tambor

Keyboard

teclado

Saxophon

saxofone

Fleut

flauta

Mikrofoon

microfone

Deertenpark
jardim zoológico

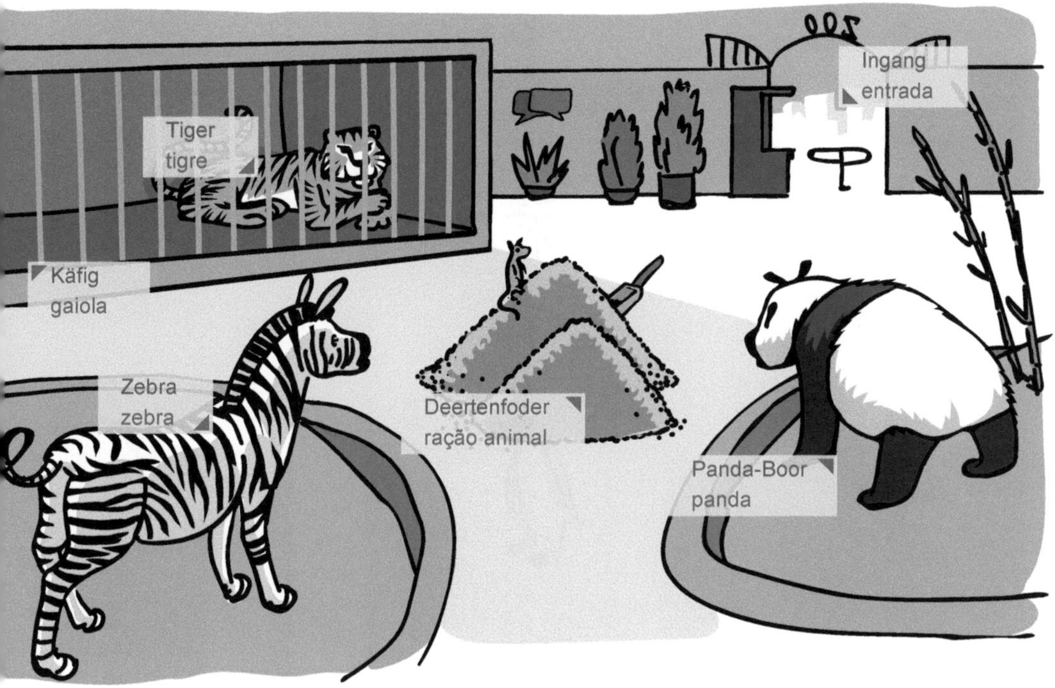
Tiger
tigre
Käfig
gaiola
Zebra
zebra
Deertenfoder
ração animal
Panda-Boor
panda
Ingang
entrada

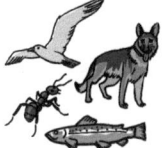

Deerten

animais

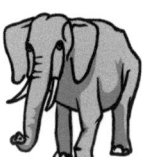

Elefant

elefante

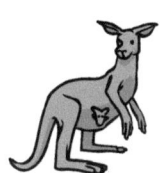

Känguru

canguru

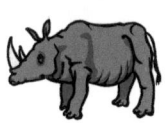

Neeshoorn

rinoceronte

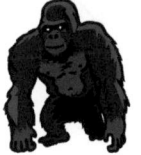

Gorilla

gorila

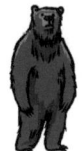

Boor

urso

Kameel

camelo

Struuß

avestruz

Lööv

leão

Aap

macaco

Flamingo

flamingo

Papagoi

papagaio

Iesboor

urso polar

Pinguin

pinguim

Haifisch

tubarão

Pageluun

pavão

Slang

cobra

Krokodil

crocodilo

Oppasser in'n Deertenpark

guarda do jardim zoológico

Saalhund

foca

Jaguor

jaguar

Pony

pónei

Leopard

leopardo

Nilpeerd

hipopótamo

Giraff

girafa

Aadler

águia

Wildswien

javali

Fisch

peixe

Schildkrööt

tartaruga

Walross

morsa

Voss

raposa

Gazell

gazela

Amerikaansch Football
futebol americano

Radfohren
ciclismo

Tennis
ténis

Korfball
basquetebol

Swümmen
natação

Ieshockey
hóquei no gelo

Boxen
boxe

Football
futebol

Fedderball
badminton

Leichtathletik
atletismo

Handball
andebol

Skilopen
esqui

Polo
polo

Aktivitäten
atividades

lachen
rir
springen
saltar
ümarmen
abraçar
gahn
andar
singen
cantar
drömen
sonhar
beden
rezar
snuteln
beijar

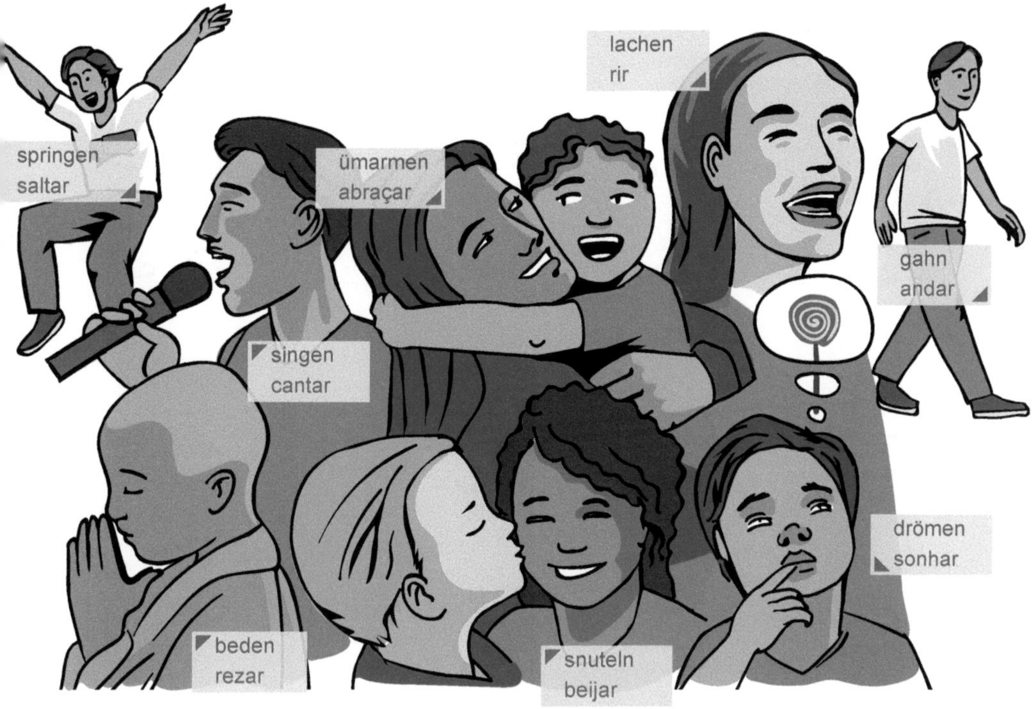

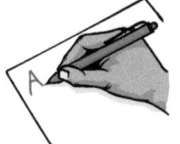

schrieven

escrever

teken

desenhar

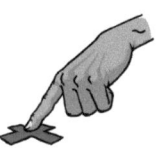

wiesen

mostrar

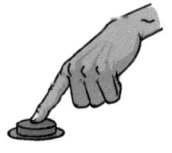

drücken

empurrar

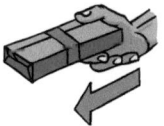

geven

dar

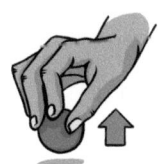

nehmen

tomar

hebben
ter

doon
fazer

sien
ser

stahn
ficar de pé

lopen
correr

trecken
puxar

smieten
remessar

fallen
cair

liggen
deitar

töven
esperar

dregen
carregar

sitten
sentar

antrecken
vestir

slapen
dormir

opwaken
acordar

ankieken

olhar para

wenen

chorar

eien

acariciar

kämmen

pentear

snacken

falar

verstahn

compreender

fragen

perguntar

hören

ouvir

drinken

beber

eten

comer

oprümen

arrumar

leefhebben

amar

kaken

cozinhar

fohren

conduzir

flegen

voar

segeln

velejar

reken

calcular

lesen

ler

lehren

aprender

arbeiden

trabalhar

de Plünnen tohoopsmieten

casar

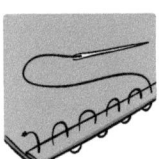

neihen

costurar

Tähnen putzen

escovar os dentes

dootmaken

matar

smöken

fumar

schicken

enviar

Familje
família

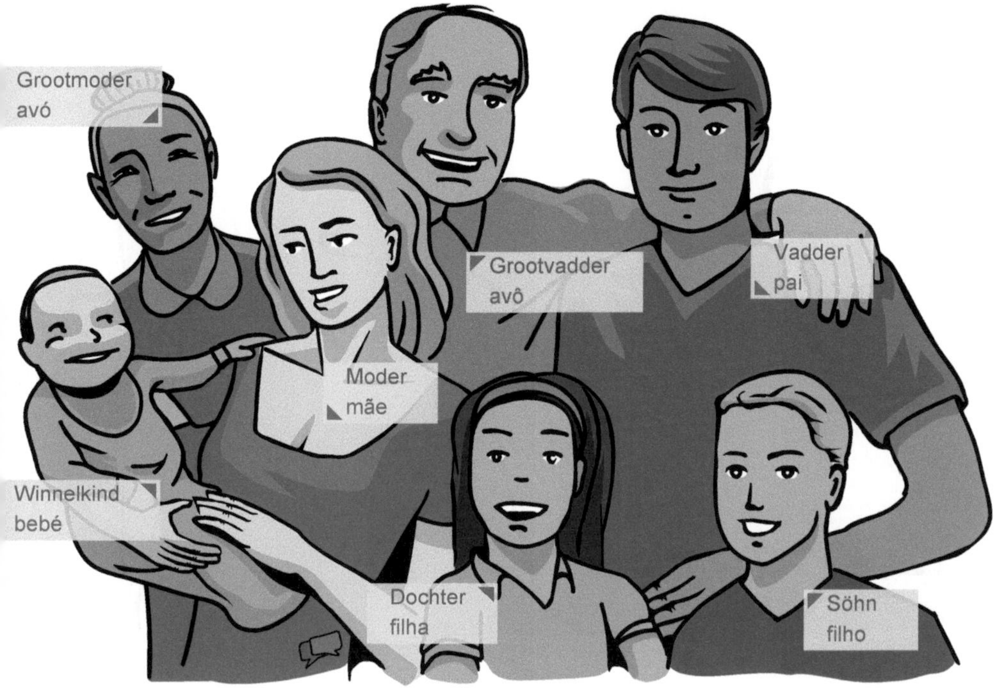
Grootmoder
avó
Grootvadder
avô
Vadder
pai
Moder
mãe
Winnelkind
bebé
Dochter
filha
Söhn
filho

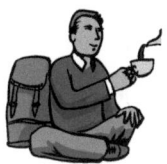

Gast

convidado

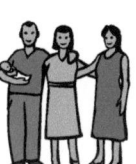

Tant

tia

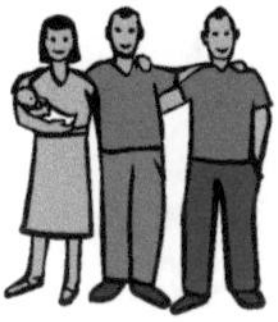

Unkel

tio

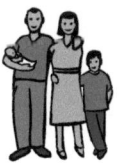

Broder

irmão

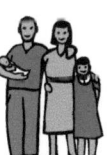

Süster

irmã

Lief
corpo

Vörkopp
testa
Oog
olho
Schuller
ombro
Finger
dedo
Gesicht
cara
Kinn
queixo
Hand
mão
Been
perna
Bost
peito
Arm
braço

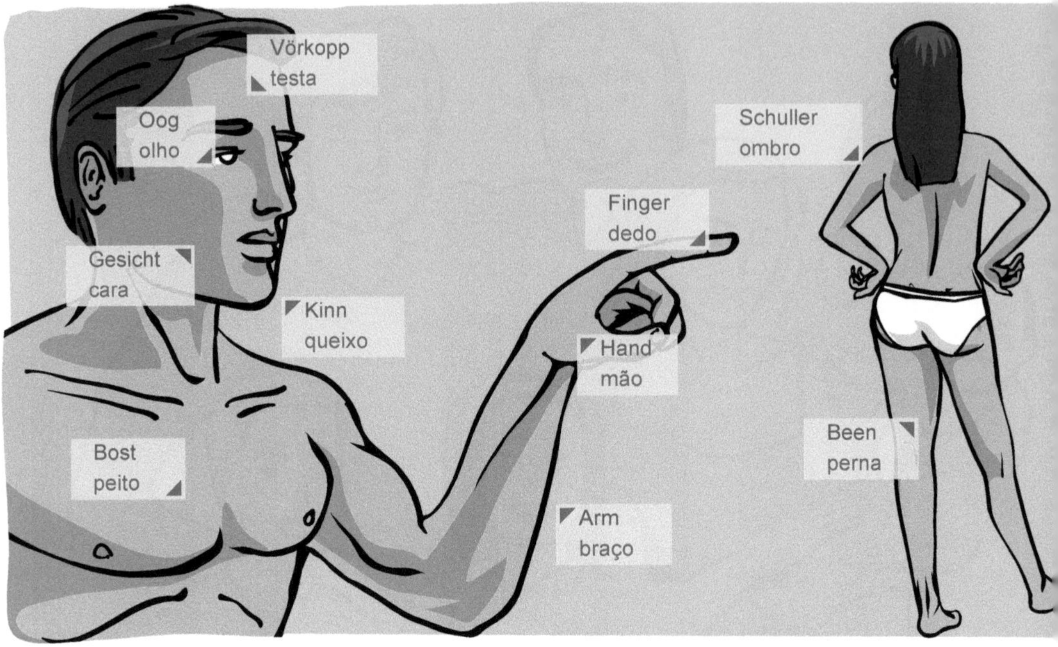

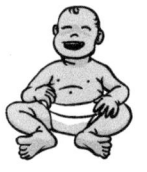

Winnelkind
bebé

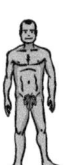

Mann
homem

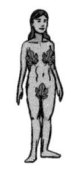

Fro
mulher

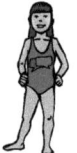

Deern
menina

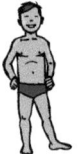

Jung
menino

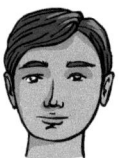

Arm
cabeça

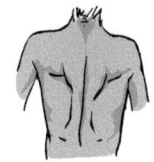

Rüch

costas

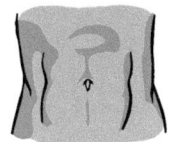

Buuk

barriga

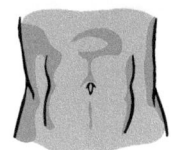

Navel

umbigo

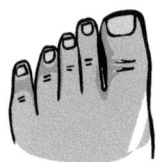

Teh

dedo do pé

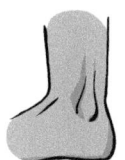

Hack

calcanhar

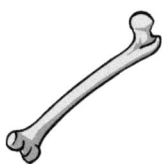

Knaken

osso

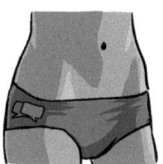

Hüft

anca

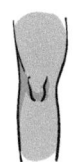

Knee

joelho

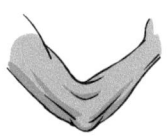

Ellbagen

cotovelo

Nees

nariz

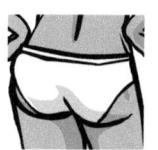

Achtersen

nádegas

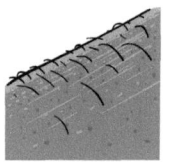

Huut

pele

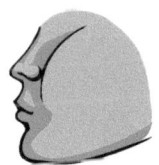

Back

bochecha

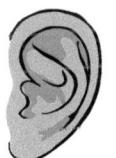

Ohr

orelha

Lipp

lábio

Mund

boca

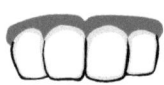

Tähn

dente

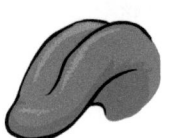

Tung

língua

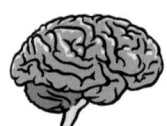

Bregen

cérebro

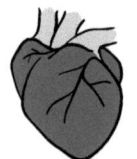

Hart

coração

Muskel

músculo

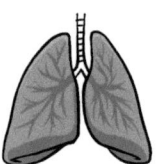

Lung

pulmão

Lever

fígado

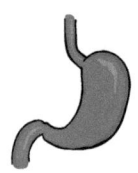

Maag

estômago

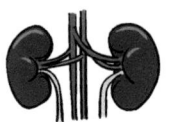

Neren

rins

Bislaap

relações sexuais

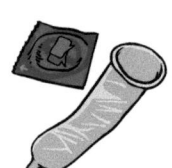

Kondoom

preservativo

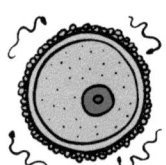

Eizell

óvulo

Sperma

esperma

Anner Ümstänn

gravidez

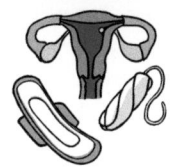

Menstruatschoon

menstruação

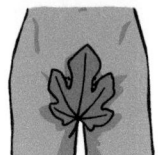

Scheed

vagina

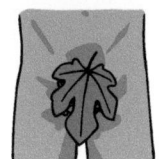

Pint

pénis

Ogenbroe

sobrancelha

Hoor

cabelo

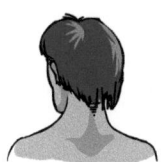

Hals

pescoço

Krankenhuus
hospital

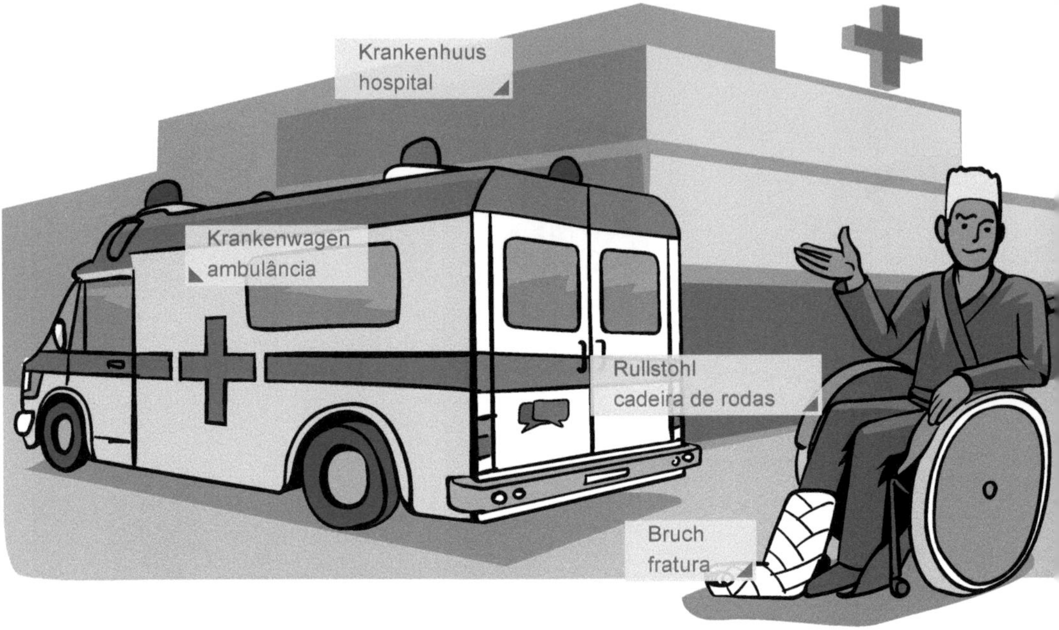

Krankenhuus
hospital
Krankenwagen
ambulância
Rullstohl
cadeira de rodas
Bruch
fratura

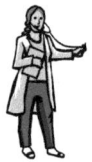

Dokter

médico

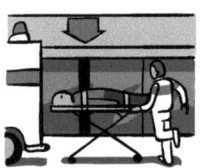

Nootopnahm

serviço de urgências

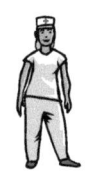

Krankensüster

enfermeira

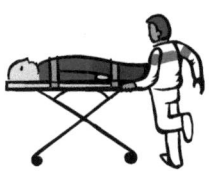

Nootfall

emergência

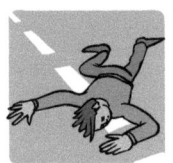

ahnmächtig

inconsciente

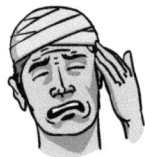

Wehdaag

dor

Verwunnen

ferimento

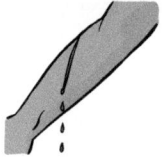

Blöden

hemorragia

Hartinfarkt

ataque cardíaco

Slaganfall

cidente vascular cerebral

Allergie

alergia

Hoosten

tosse

Fever

febre

Gripp

gripe

Dörchfall

diarreia

Koppwehdaag

dor de cabeça

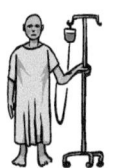

Kreeft

cancro

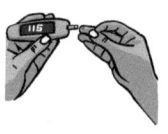

Zuckersüük

diabetes

Chirurg

cirurgião

Chirurgsch Mess

bisturi

Operatschoon

operação

CT

CT

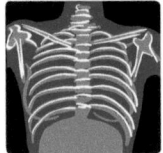

Dörchlüchten

raio x

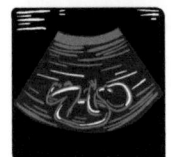

Ultraschall

ultrassom

Mask

máscara

Krankheit

doença

Töövruum

sala de espera

Krück

muleta

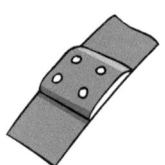

Plaaster

penso rápido

Verband

ligadura

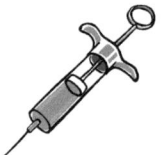

Insprütten

injeção

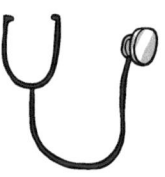

Stethoskop

estetoscópio

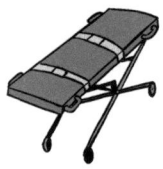

Draag

maca

Feverthermometer

termómetro

Geboort

nascimento

Övergewicht

excesso de peso

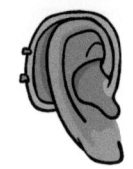

Höörapparat

aparelho auditivo

Kiemfriemiddel

desinfetante

Ansteken

infeção

Virus

vírus

HIV / AIDS

HIV / SIDA

Heelmiddel

medicamento

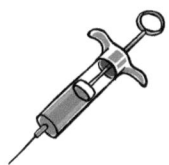

Impen

vacinação

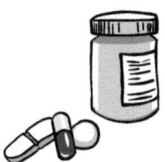

Tabletten

comprimidos

Pill

pílula

Nootroop

chamada de emergência

Blootdruck-Meter

dispositivo de medição de
pressão arterial

krank / gesund

doente / saudável

Hölp!

Socorro!

Alarm

alarme

Överfall

assalto

Angreep

ataque

Gefohr

perigo

Nootutgang

saída de emergência

Füer!

Fogo!

Füerlöscher

extintor de incêndios

Unfall

acidente

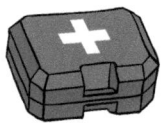

Noothölpkoffer

estojo de primeiros socorros

SOS

SOS

Polizei

polícia

Europa

Europa

Noordamerika

América do Norte

Süüdamerika

América do Sul

Afrika

África

Asien

Ásia

Australien

Austrália

Atlantik

Atlântico

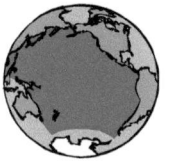

Pazifik

Pacífico

Indisch Weltmeer

Oceano Índico

Antarktisch Weltmeer

Oceano Antártico

Arktisch Weltmeer

Oceano Ártico

Noordpol

Polo Norte

Süüdpol

Polo Sul

Antarktis

Antártica

Eerd

terra

Land

país

See

mar

Eiland

ilha

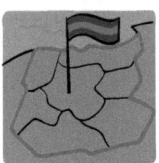

Natschoon

nação

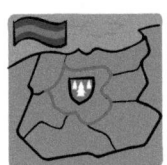

Staat

estado

Tallenblatt

mostrador do relógio

Stunnenwieser

ponteiro das horas

Minutenwieser

ponteiro dos minutos

Sekunnenwieser

ponteiro dos segundos

Wo laat is dat?

Que horas são?

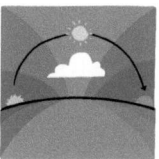

Dag

dia

Tiet

tempo

nu

agora

digetaalsch Klock

relógio digital

Minuut

minuto

Stunn

hora

Week

semana

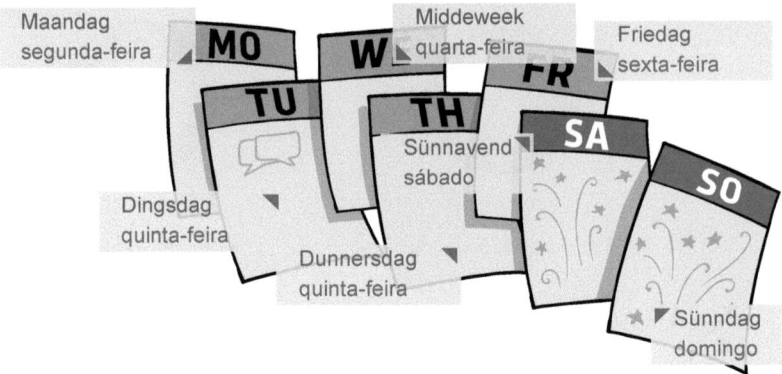

Maandag
segunda-feira

Middeweek
quarta-feira

Friedag
sexta-feira

Dingsdag
quinta-feira

Dunnersdag
quinta-feira

Sünnavend
sábado

Sünndag
domingo

güstern
ontem

hüüt
hoje

morgen
amanhã

Morgen
manhã

Meddag
meio-dia

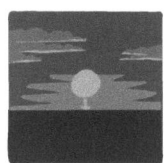

Avend
entardecer

Arbeitsdaag
dias úteis

Wekenenn
fim de semana

Johr

ano

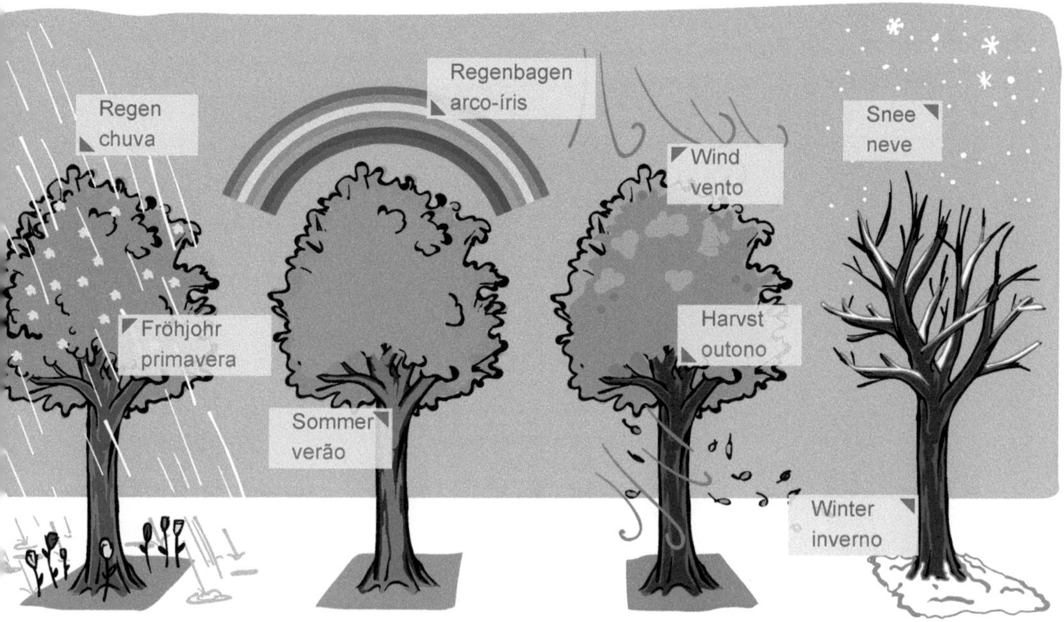

Regen
chuva
Regenbagen
arco-íris
Wind
vento
Snee
neve
Fröhjohr
primavera
Harvst
outono
Sommer
verão
Winter
inverno

4.APRIL 11°
5.APRIL 4°
6.APRIL 13°
7.APRIL 8°
8.APRIL 10°

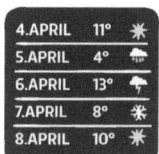

Wedervörhersaag

previsão do tempo

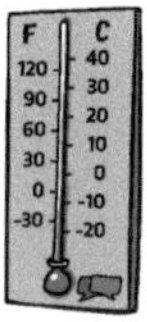

F C
120 90 60 30 0 -30
40 30 20 10 0 -10 -20

Thermometer

termómetro

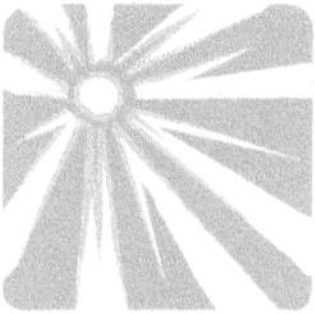

Sünnenschien

raios de sol

Wulk

nuvem

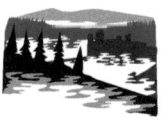

Nevel

neblina / nevoeiro

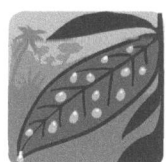

Luftfuchtigkeit

humidade do ar

Blitz

relâmpago

Dunner

trovão

Storm

tempestade

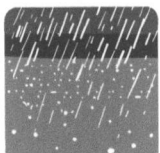

Hagel

granizo

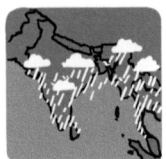

Monsun

monção

Floot

inundação

Ies

gelo

Januormaand

janeiro

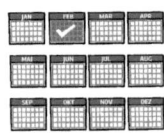

Februormaand

fevereiro

Martmaand

março

Aprilmaand

abril

Maimaand

maio

Junimaand

junho

Julimaand

julho

Augustmaand

agosto

Septembermaand
setembro

Oktobermaand
outubro

Novembermaand
novembro

Dezembermaand
dezembro

Formen
formas

Krink
círculo

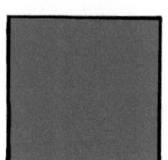

Quadrat
quadrado

Rechteck
retângulo

Dreeeck
triângulo

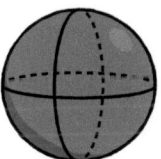

Kugel
esfera

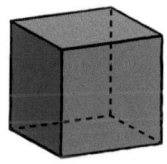

Wörpel
cubo

witt

branco

geel

amarelo

orangsch

laranja

pink

rosa

root

vermelho

lila

lilás

blau

azul

gröön

verde

bruun

castanho

gries

cinzento

swart

preto

veel / wenig

muito / pouco

böös / verdreeglich

furioso / calmo

smuck / mies

lindo / feio

Begünn / Enn

princípio / fim

groot / lütt

grande / pequeno

hell / düüster

claro / escuro

Broder / Süster

irmão / irmã

schier / schietig

limpo / sujo

kumpleet / nich kumpleet

completo / incompleto

Dag / Nacht

dia / noite

doot / lebennig

morto / vivo

breet / small

largo / estreito

geneetbor / nich geneetbor

comestível / não comestível

böös / fründlich

mau / gentil

fickerig / langwielt

entusiasmado / entediado

dick / dünn

gordo / magro

toeerst / toletzt

primeiro / último

Fründ / Fiend

amigo / inimigo

vull / leddig

cheio / vazio

hart / week

duro / macio

swoor / licht

pesado / leve

Smacht / Döst

fome / sede

krank / gesund

doente / saudável

nich na't Recht / na't Recht

ilegal / legal

klook / dummerhaftig

inteligente / burro

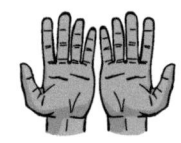

linkerhand / rechterhand

esquerda / direita

neeg / feern

perto / longe

nieg / bruukt

novo / usado

nix / wat

nada / algo

oolt / jung

velho / jovem

an / ut

ligado / desligado

apen / slaten

aberto / fechado

lies / luut

baixo / alto

riek / arm

rico / pobre

richtig / verkehrt

certo / errado

ruug / glatt

áspero / liso

trurig / glücklich

triste / feliz

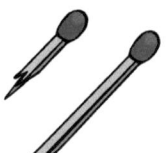

kort / lang

curto / longo

suutje / flink

lento / rápido

natt / dröög

molhado / seco

warm / köhl

ameno / fresco

Krieg / Freden

guerra / paz

0

null

zero

1

een

um

2

twee

dois

3

dree

três

4

veer

quatro

5

fief

cinco

6

söss

seis

7

söven

sete

8

acht

oito

9

negen

nove

10

teihn

dez

11

ölven

onze

12	**13**	**14**
twölf	dörteihn	veerteihn
doze	treze	catorze

15	**16**	**17**
föffteihn	sössteihn	söventeihn
quinze	dezasseis	dezassete

18	**19**	**20**
achtteihn	negenteihn	twintig
dezoito	dezanove	vinte

100	**1.000**	**1.000.000**
hunnert	dusend	million
cem	mil	milhão

Engelsch

inglês

Amerikaansch Engelsch

inglês americano

Chineesch Mandarin

chinês mandarim

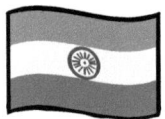

Hindi

hindi

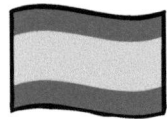

Spaansch

espanhol

Franzöösch

francês

Araabsch

árabe

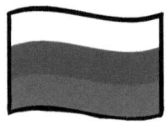

Rusch

russo

Portugiesch

português

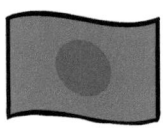

Bengaalsch

bengalês

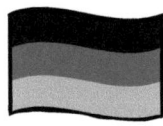

Düütsch

alemão

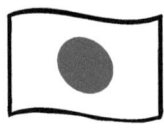

Japaansch

japonês

ik

eu

du

tu

he / se / dat

ele / ela

wi

nós

ji

vós

se

eles / elas

keen?

quem?

wat?

o quê?

woans?

como?

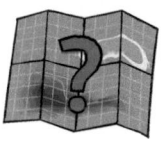

woneem?

onde?

wannehr?

quando?

Naam

nome

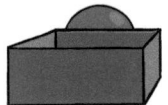

achter
....
atrás

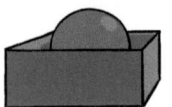

in
....
em

vör
....
à frente de

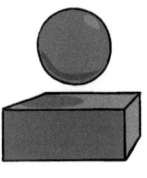

över
....
sobre

op
....
em cima

ünner
....
debaixo

blangen
....
ao lado

twüschen
....
entre

Oort
....
lugar